産経NF文庫
ノンフィクション

「美しい日本」パラオ

井上和彦

潮書房光人新社

文庫版のまえがき

「日本時代は〝責任感〟がありました。あの時代は皆がきちんとしていましたよ。生徒は生徒らしく、先生は先生らしく、政府の方は政府の方らしくされていました。そして人としての生き方を教えてもくれました。私は、他の国に比べて日本が一番良いと思っています」

平成最後の三十一年（二〇一九）三月、コロール島の集会所で年老いたアントニオ女史（八十七歳）が真剣な面持ちで身振り手振りを交えてこのように語ってくれた。

集会所で日本の花札に興じていた日本統治時代を経験した年配者達は、日本の唱歌を大きな声で歌って聞かせてくれた。

国歌『君が代』、『日の丸の旗』……その大合唱に涙が溢れて頬を伝った。このときお年寄りたちが笑顔で歌ってくれた『浦島太郎』の歌詞がいまも脳裏を離れない。

浦島太郎は、助けた亀に連れられて海の底にある竜宮城に行って時の経つのも忘れて楽しい日々を過ごした。そしてその後、故郷に帰った彼はその目を疑った。「ここはどこだ！」――もうそこには自分が生まれ育った家も村もなく、行き交う人はまったく知らない人ばかりだった。

そんな歌詞が身に染みた。

パラオという竜宮城から日本へ帰った私がいつも目にするのは、パラオのお年寄りたちが懐かしみ、そして賞讃してくれる日本ではなく、変わり果てた日本の姿なのである。もはや多くの日本人は自虐史観に汚染され、自国の輝かしい歴史に目を向けることも耳を傾けることできなくなってしまったのだ。かつての崇高な志と誇りを持った日本人はどこに行ってしまったのだろうか、いつも私は浦島太郎の気分を味わっている。

帰り際にアントニオさんは、私を呼び止めるように大きな声でこう言い放った。

「日本へ帰ったら、あんまり他の国の習慣を習わないでください！」

それは、まるで私に言って聞かせるような口調だった。

果たしてどれほど多くの日本人はこの言葉の意味が理解できるだろうか。

第一次世界大戦後、パラオは日本の委任統治領となり、日本の南洋庁が置かれて発展を遂げる。道路や港湾、電気などのインフラが整備されると共に地元の人々に対する教育、医療が施されてパラオはみるみるうちに近代化していった。

こうした日本統治時代の善政を知る年配者はいまでも日本時代を懐かしみ、そして高く評価してくれている。もちろん若い世代にもこのことがしっかりと語り継がれているからありがたい。

そんなパラオが、のちの大東亜戦争で米軍の侵攻をうけ大激戦地となった。

ペリリュー島、アンガウル島を中心にパラオは日米両軍の激しい攻防戦の舞台となった。そして守る日本軍は圧倒的劣勢であったにもかかわらず、勇戦敢闘し米軍に未曾有の損害を与えたのち玉砕したのである。

そんな日本軍守備隊の戦いは、米軍にも称えられパラオでもしっかりと語り継がれている。

私はこれまで幾度もパラオを訪れた。ペリリュー戦五十五周年、六十周年、七十周年の記念式典に参加し、この地で死闘を繰り広げた日米両軍兵士らのインタヴューも行なった。遺骨収集にも参加した。

本書は、私がこれまで一五年以上にわたってパラオを取材し、実際に経験してきたルポルタージュと日米両軍兵士や関係者のインタヴューを元に仕上げた作品であり、かつて『パラオはなぜ「世界一の親日国」なのか』（PHP）として平成二十七年（二〇一五）三月に刊行されたものを、文庫化したものである。

本書に登場する多くの方々がすでに黄泉の国へと旅立たれ、もはやその肉声を聞くことができず、したがって本書が、こうした歴史の証言者の遺言となってしまったことは残念で仕方ないが、本書によってこれまで学校や報道の現場で封印されてきた貴重な証言や歴史に再び息を吹き返すことができたことはなによりである。

かつて日本統治領として四半世紀も共に歴史を共有してきたパラオに、もはや日本人が忘れてしまった〝美しい日本〟がある。

どうか本書を通じて、我々の先人が、祖国日本を守るために死力を尽くして戦い、そして敵はもとよりその激しい戦場となったパラオの人々からもその戦いぶりが賞讃されている事実を知っていただければ筆者としてこれにすぐる喜びはない。

一人でも多くの方にこの書を手に取っていただき歴史の真実を知って語り継いでいただきたいと願うばかりである。

令和三年五月吉日

井上和彦

はじめに

スキューバダイビングをはじめマリンスポーツのメッカとして日本でもよく知られた「パラオ」。

だがこの国が、第一次世界大戦後に日本の委任統治領となり、過去の一時期を日本と共に歩んだ世界屈指の〝親日国家〟であることはあまり知られていない。

そんなパラオ共和国には、日本人が知らない〝感動の歴史〟があった。

その代表がパラオ国旗であろう。平成六年（一九九四）に独立を果したときに制定された〝月章旗〟と呼ばれるこの国の国旗は、日本の〝日章旗〟にちなんだものとされる。この国旗は、否応なく日本人のパラオへの親近感を呼び起こす。

そしてパラオでは、いたるところに日本時代の建物が遺されており、そのいくつかは今でも現役で使われているから驚きだ。また、「ダイジョウブ」（大丈夫）、「オカネ」（お金）、「コイビト」（恋人）など数多の日本語がパラオ語となって日常に飛び交っているほか、パラオ人の名前には、スギヤマさん、ジローさん、タローさんなど明らかな日本名が多く使われていることに仰天する。

なにより忘れてはならないのが、かつて強大な米軍と勇敢に戦った日本軍将兵を、パラオの人々が讃え、その武勇を語り継いでくれていることだ。

昭和十九年（一九四四）九月十五日、日本の統治領であったパラオ諸島のペリリュー島に侵攻してきた米軍を迎え撃ったのは、中川州男《くにお》大佐率いる日本軍守備隊だった。ただひたすら国難を救わんと、至純の愛国心に燃える日本軍将兵は、その数的劣勢をものともせず、敢然と米軍の前に立ちはだかり、米軍は未曾有の損害を被ることとなった。

勇戦敢闘するペリリュー守備隊に対して、天皇陛下から実に一一回もの御嘉賞が贈られた。ゆえにペリリュー島は〝天皇の島〟と呼ばれたのである。日本軍将兵の勇猛果敢な戦いぶりは戦後、地元民の手になる『ぺ島（ペリリュー島）の桜を讃える歌』となって語り継がれているが、この事実は、パラオでいかに日本軍人が賞賛されているかの証左であろう。

ペリリュー島沖合い一〇キロの外洋に浮かぶアンガウル島でも、日本軍守備隊は強靭な精神力で戦い抜いた。こうした日本軍守備隊の不撓不屈の精神と勇猛さに米軍はいたく感銘し、加えてパラオの人々は日本への尊敬と畏敬の念を強めたのである。

このたび、そんなパラオへ天皇皇后両陛下が御行幸啓されることとなった。

かつて同じ歴史を歩んだパラオ共和国への御行幸啓はたいへん意義深い。

この地で散華された英霊に対する、なによりの鎮魂になることはいうまでもないが、今次の御行幸啓を契機に、これまで封印されてきた日本の輝かしい近現代史の真実が明らかになるからである。そして、この地で日本軍将兵がいかに勇敢に戦い、そのことが地元パラオの人々の親日感情にどれほど大きな影響を与えたかを知る契機ともなろう。

どうかこの両陛下の御行幸啓を契機に、拙著を片手に一人でも多くの日本人に親日国家パラオを訪れていただきたいものである。

本書を上梓するにあたり、大東亜戦争においてパラオ方面で散華された日本およびパラオの英霊に心より感謝と鎮魂の誠を捧げる。

平成二十七年三月吉日

井上和彦

単行本　平成二十七年三月「パラオはなぜ『世界一の親日国』なのか」改題　PHP研究所刊
装　幀　伏見さつき
DTP　佐藤敦子

「美しい日本」パラオ——目次

「美しい日本」パラオ

第❶章　日章旗と月章旗――かつて日本が統治した地

七十年目の再会

「いまも、なぜ私が生き残れたかということが不思議でなりません。このペリリューは私にとって第二の故郷のようなところです」

空と海を真っ赤に染め、いままさに水平線に沈まんとするペリリューの夕陽を眺めながら、御年九十四歳の土田喜代一氏（二〇一八年〈平成三十〉、逝去）は感慨深げにそう語った。

土田喜代一元海軍上等水兵――大東亜戦争末期のパラオ諸島ペリリュー島攻防戦（昭和十九年九月十五日～十一月二十四日）で米軍と死闘を繰り広げ、戦後一年八カ月後に生還を果たした不死身の英雄である。

「この一戦に負けるわけにはいかない！　負ければ祖国が危ない！　だから戦い続ける！」

土田氏は、至純の愛国心と敢闘精神で、終戦後も三三名の戦友と共に戦い続け、そして昭和二十二年四月、ついに米軍の停戦の申し入れを受け入れて無事帰還を果たしたのだった。

「井上さん、私は今回が最後だと思います。どうか一緒に来ていただけないだろうか……」

ある日、土田氏から電話があり、そんな英雄の言葉に突き動かされた私は、ペリリュー戦七十周年に這《は》ってでも参加するという土田氏の雄姿を見届けるべくパラオに飛んだ。

そして迎えた二〇一四年（平成二十六）九月十五日、米軍上陸から七十年目のその日、ペリリュー小学校で〝Joint Battle of Peleliu 70th Anniversary Ceremony〟（ペリリュー戦七十周年日米合同記念式典）が催された。

この日、式典会場は、地元の子供たちを含むペリリュー島民と米軍関係者らで満杯だった。そして式典のハイライトは、かつてこの地で戦った日本軍兵士と米軍兵士の〝再会〟だった。

司会者から恭しく名前を呼ばれた土田喜代一氏は、孫娘に支えられながら二本の杖を頼りに会場中央に進み、同じく反対側からゆっくりとした足取りでやってきた元海兵隊員ウィリアム・ダーリング氏と対面したのである。

向き合った二人はそれまでの笑みを止め、軍人らしく挙手の礼を交わした後、再び満面の笑顔に戻って固い握手を交わしたのだった。

二人に言葉は必要なかった。言葉が通じなくとも心で通じあったのである。まるでかつての旧友と再会したかのように満面の笑みで見つめあい、二人は何度も何度も固い握手を上下に振った。それでも喜びを伝えきれな

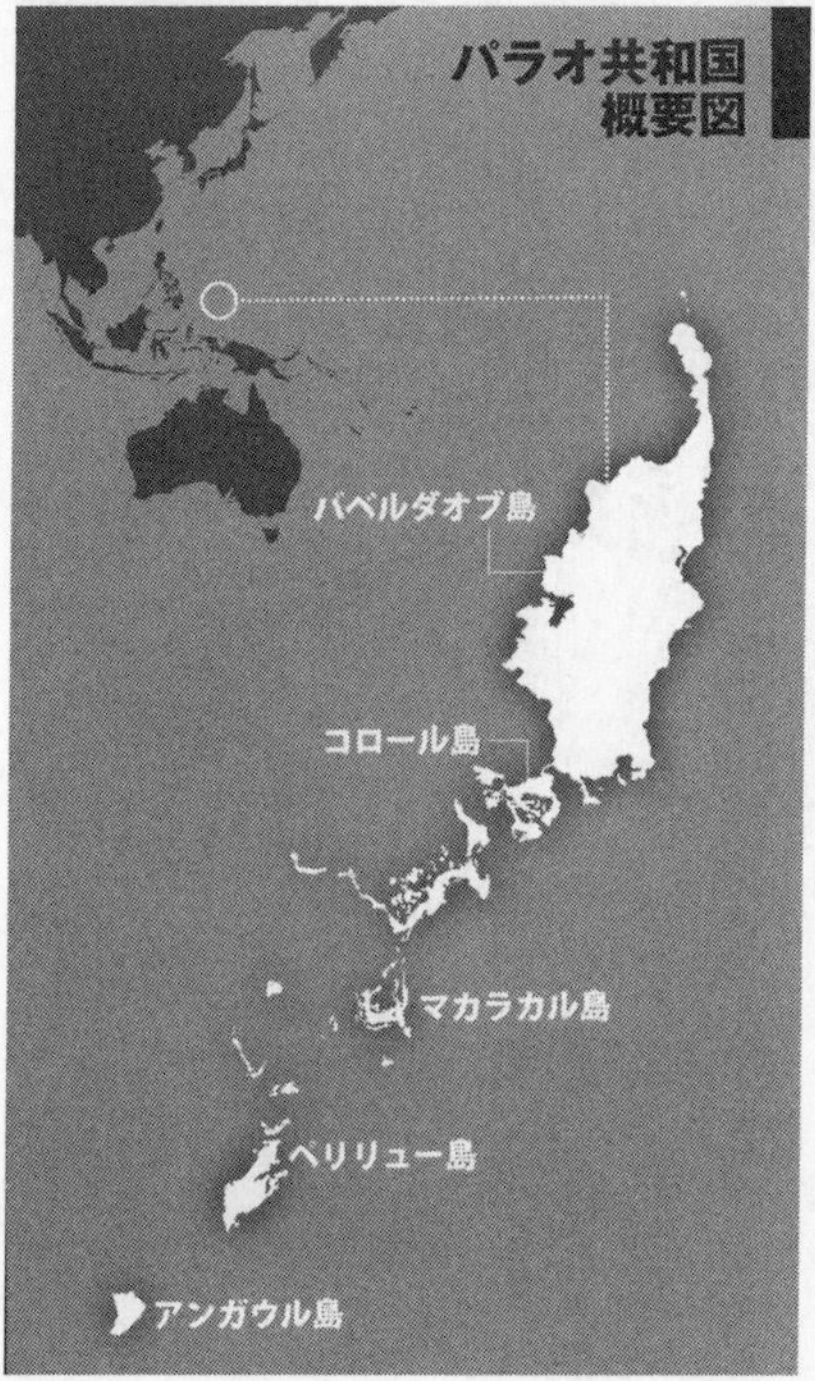

右、上：ペリリュー戦７０周年日米合同記念式典で挙手の礼を交わした後、
満面の笑みで握手を交わす土田喜代一氏とウィリアム・ダーリング氏

かったのだろうか、二人は互いの背中に手を回して抱きあったのである。

なんと美しい光景だろう。

式典会場は二人に万雷の拍手を送り、平和裏の〝再会〟を祝福した。土田氏とダーリング氏は再度固い握手を交わした後、来場者席に向き直って挙手の礼でその祝福に応えたのだった。

ドイツの植民地から日本の委任統治領へ

そんな日米両軍の大激戦地ペリリュー島を抱える「パラオ共和国」の国旗〝月章旗〟の制定には、この国の親日感情が大きく影響したという。

一九九四年、パラオが共和国として独立したとき、住民投票で選ばれた国旗がいまの月章旗であり、なんとそれは、日本の日章旗にちなんでデザインされたというのだ。日章旗にちなんでデザインされたパラオの国旗は、海を表す青地に黄色い月をあしらっており、なるほど日の丸とそっくりである。

日本、バングラデシュそしてパラオの国旗を合わせて〝日の丸三兄弟〟と称する名越二荒之助元高千穂商科大学教授（故人）はその意味するところを解説する。

――大東亜戦争におけるペリリュー・アンガウル両島での激戦で日本軍将兵が勇敢に戦い玉砕していったことが、パラオの人々の胸に深く刻まれ、同国がアメリカの信託統治から独立する際の国民投票で日本の国旗をデザインした月章旗が選ばれた――。

大東亜戦争終結後の一九四七年（昭和二十二）から国連の太平洋信託統治領としてアメリカの統治下にあったパラオは、一九八〇年の国民投票によって自立を決定する。その翌年一月にハルオ・レメリック氏が初代大統領に選出され、自治政府を発足させた。後にパラオはアメリカとの自由連合盟約（＝アメリカ合衆国が軍事施設と運営権を保有し、安全保障上の全権と責任を負うという事実上の保護国条約）を模索し、一九九四年になってようやく「パラオ共和国」として独立したのである。

それからさかのぼること一〇〇年、一八八五年にスペイン領となったパラオは、一八九九年にドイツへ売却され、その後、第一次世界大戦でドイツが敗北したことから、その統治者は戦勝国・日本へと移った。第一次世界大戦後のパリ講和会議でドイツの植民地から正式に日本の委任統治領となり、パラオは一九四五年（昭和二十）まで日本の統治下にあったのだ。

国際連盟による日本の内南洋委任統治が決定するや、大正十一年（一九二二）、日本政府は直ちにパラオに「南洋庁」を設置して南洋統治の行政機関とした。

そして日本からは多くの移民がやってきたため、その人口は三万人を超えて原地人約六五〇〇人を遥かに上回った。日木人移民は、漁業やリン鉱石の採掘で生計を立て、また鰹節の生産や米の栽培にも取り組んだのだった。

そしてなにより日本統治時代のパラオでは、台湾や朝鮮の統治に倣って、近代化のためインフラ整備をはじめ教育制度や医療施設の整備が行なわれ、生活水準の向上が図られていった。

道路や橋、水道、電気など人々の暮らしに欠かすことのできないインフラが次々と整備されていったことで、地元パラオ人の生活水準は急速に高まっていったのである。

日本政府は、とりわけ地元民の学校教育に力を入れた。

日本人移民の子弟は本土と同じ小学校で学んだが、それまで日本語と縁のなかったパラオ人の子弟は「公学校」で学ぶことになった。この公学校には、本科と呼ばれる義務教育課程（三年）と、補習科（二年）があり、本科で学んだ生徒のなかから成績優秀な者は補習科に進むことができた。ちなみに昭和十年（一九三五）までに二二四二人が本科を卒業し、うち六五四人が補習科を修了するなど、パラオの教育水準はみるみる向上していったのである。事実、当時のパラオの就学率は九三パーセントであり、他の列強諸国の統治領や植民地におけるそれとは比較にならないほど高かった。

パラオ国民を強くした日本の善政

さらに公学校補習科の卒業生のなかから成績優秀者は「木工徒弟《とてい》養成所」に進学することができた。この木工徒弟養成所とは、大正十五年（一九二六）に開設された建築技能習得のための専門学校であり、南洋群島全域から選抜された三〇人程度が入学して日本の高い建築技能を学べたのである。後に土木科や機械科なども設置されて実質的な職業訓練校となり、ここで学んだ優秀な人材が後のパラオの近代化に大いに貢献したのだ。

ちなみに当時の写真からは、校舎のつくりやパラオの子弟の身なりなどが、内地の日本人のそれと変わりなく、分け隔てのない教育が行なわれていたことも見て取れる。

事実、博物館に展示されている当時の写真のキャプションには〝強制〟だの〝差別〟

日章旗とパラオの月章旗を持つ現地の学生たち。デザインが共通していることがよくわかる

だのといった、どこかの国が好んで使う単語は一切使われておらず、その展示コーナーの案内も"History and Culture during Japanese Administration Period"（日本統治時代の歴史と文化）というタイトルで、それこそ、〝植民地〟や、〝日本占領時代〟などという負の歴史認識はどこにも見当たらない。

このように日本政府は、統治下の地元民にも教育を施すという他に類例を見ない善政をしいていたのである。ちなみに、四〇〇年間もオランダの植民地であったインドネシアの就学率がわずか三パーセントでしかなかったことからも、日本がいかに素晴らしい統治を行なっていたかがおわかりいただけよう。パラオは委任統治領であって

上：戦前に開設された公学校での授業風景
下：パラオ人と日本人は手を取り合って近代社会を作り上げていった

植民地ではなかったのである。

大正四年（一九一五）、コロール島に公学校が開設されて以降、マルキョク、ガラルド、ペリリュー、アンガウル、ガラスマオにも公学校が開設されるなど、これだけを見ても日本政府の善政がよくわかる。

加えて病院・医療施設の設置や各種インフラを次々と整備してゆくなど、繰り返すが日本国は、搾取に明け暮れ愚民化政策を推し進めていた欧米列強諸国とはまったく異なるスタイルの統治を行なったのである。

とりわけ地元パラオの人々を苦しめてきたのは熱帯地方特有のアメーバ赤痢やデン

グ熱などの風土病であったが、日本の南洋庁は、先の公学校と同じように各地に病院を設立してその撲滅に全力を傾けたのだった。このことは、パラオの近代化には不可欠であり、むろん地元の人々からたいへん喜ばれた。

いまでもかつての「南洋庁パラオ病院」は、当時のたたずまいをそのまま残しながら、パラオ・コミュニティカレッジとして現存している。

なるほど当時、英国『ロンドン・タイムズ』の記者はこう報じている。

《内南洋の人々は、世界の列強植民地の中で、最も丁寧に行政されている》（『歴史群像』№34／学習研究社）

そしてクニオ・ナカムラ元パラオ共和国大統領（二〇二〇年、逝去）もこう述べている。

《私は、パラオの人々の大多数の代表として申し上げたいと思います。パラオの国民は、とくに私より上の世代の人々は、日本時代に対してたいへん楽しい思い出を持っています。私たちの生活にも取り入れられ、馴染んできた日本の伝統的価値観は、今でも国民の中に生き続けています。ですから日本時代の思い出をいつでも偲ぶことができるのです。要するに日本の伝統はパラオの国民を強くしました。そして私たらの国の独立に貢献したのです》（DVD『天翔る青春—日本を愛した勇士たち』日本会

議事業センター）

日本統治時代の残照

映える緑とエメラルドグリーンの海。

肌を刺す熱帯の太陽は、花々を鮮やかに彩り、そして環礁の生命を育む。

かつて私が泊まったホテルのテラスからはイワヤマ湾に浮かぶ風光明媚な〝パラオ松島〟を見渡すことができた。この絶景はいかなる美辞麗句をしても簡単に表現し得るものではない。

♪海で暮らすなら　パラオ島におじゃれ
北はマリアナ　南はポナペ
浜の夜風にやしの葉ゆれて
若いダイバーの舟唄もれる♪

日本統治時代に歌われた『パラオ小唄』である。

日本の南洋政策の中心だったパラオは、また南方の島々に向かう輸送船団の中継基

イワヤマ湾の〝パラオ松島〟。美しい海にマッシュルームのような小さな島々が映える

地としてたいそう賑わった。

そんな日本統治時代の残照は、二〇〇六年まで首都が置かれたコロール島内の随所に見ることができる。

まずはかつての「南洋庁パラオ本庁」だが、この建物はいまもパラオ共和国の教育省として使われており、さらに当時の「南洋庁パラオ支庁」もパラオ最高裁判所として使用されている。ほかにもかつての「旭球場」という名の野球場などは、いまもアサヒスタジアムとして同じ目的で使われているから面白い。

おまけに、なによりも日本情緒を醸し出す燈籠が遺されているため、これが目に飛び込んでくると、南国独特の原色の風景が途端にセピア色に変わってしまう。

そのほかにも、日本統治時代の娯楽施設だった「昌南倶楽部」の跡地にはパラオ高校が建っているが、当時の門柱がそのまま同校の校門として使われているなど、日本統治時代の遺跡はいまもパラオに健在なのだ。

そして大東亜戦争の戦跡も数多く残されている。

アサヒ球場の横には、日本海軍が配備した水陸両用戦車「特二式内火艇」が放置されている。

特二式内火艇は、水上を船のように浮航し、上陸後は前後に取りつけられたフロートを外して戦車として戦う〝水陸両用戦車〟であり、パラオとロシアでしか見ることのできないたいへん珍しい日本軍の戦闘車両なのだ。

この車両は、海軍の第四五警備隊が昭和十九年五月に配備した九両のうちの一両で、三七ミリ砲はなくなっているもののほぼ原形をとどめており、砲塔の天蓋《てんがい》をスムースに開閉できる良好なコンディションにある。ただし車体後部に乗せられている九六式二五ミリ連装高射機銃はまったくの別物であり、何かの都合で積み上げられたものと思われる。

ちなみにこの二五ミリ連装高射機銃は、コロール島中心部の駐車場や、旧日航ホテ

旧南洋庁パラオ支庁舎。現在はパラオ最高裁判所になっている

パラオ高校の正門は日本統治時代のままだ

日本海軍の特二式内火艇。この状態で遺っているのは非常に珍しい

ルの裏山のほか、ベラウ国立博物館などでも見ることができるパラオでもっともポピュラーな日本軍兵器の一つとなっている。

またコロール島と橋で結ばれたアラカベサン島には、すぐにそれとわかる日本軍の水上機基地がある。

長さ一二〇メートル、幅四〇メートルの傾斜路が海中に伸びており、かつては二式大艇や九七式飛行艇などの日本海軍の大型飛行艇が使用していたに違いない。

尊い命を捧げたパラオ人挺身隊

パラオでは日本統治時代につくられた神社が戦後再建されている。なかでも平成九年に再建された南洋神社に大東亜戦争におけるパラオ人戦没者が合祀されていることはほとんど知られていない。

戦前の南洋神社は、昭和十五年（一九四〇）に官幣大社として建てられた、たいへん立派な神社であったが終戦後に廃止されてしまった。ところがその後半世紀を経て、平成九年（一九九七）に、かつて本殿・拝殿があった場所に再建されたのだった。

もっとも再建された神社は、戦前の官幣大社のような大きなものではなく、石造りの小さな祠と鳥居や狛犬などで構成されたものとなったが、それでも立派な神社なのである。

後述するが、ペリリュー島やアンガウル島といった大東亜戦争の激戦の島々にも、地元パラオの人々の理解と協力によって神社がそれぞれ再建されており、こうしたことはパラオ人の良好な対日感情の証左の一つなのだ。

面白いことにパラオの一ドル切手には、神職と思しき白装束に身を包んだ二人の女性が、墓標にみたてた戦闘機のプロペラに手を合わせて祈る姿が描かれており、その上には真珠湾攻撃時の記念切手と戦後のサンフランシスコ講和条約締結時の平和条約調印記念切手があしらわれている。また四四セント切手は、屋上に日の丸が翻る日本統治時代の南洋庁郵便局庁舎の前を馬車が通過するデザインで、馬車に乗っているのは白い制服に身を包んだ二人の帝国海軍軍人なのだ。

このように、日本統治時代のことが切手になっていることからも、この国の親日感情のほどをうかがい知ることができよう。

さてこの南洋神社のなかに、元高千穂商科大学教授・名越二荒之助氏らによって大東亜戦争におけるパラオ人の戦没者の顕彰碑が建立されている。

その石碑にはこう刻まれている。

“ARE GODS OF ANCESTORS AND FALLEN SOLDIERS WORLD WAR II

THE PRIDE OF JAPAN AND BELAU ON THE OTHER SIDE OF THIS MONUMENT ARE INSCRIBED THE NAMES OF THE BRAVE MEN OF BELAU (BUILT NOV.24,1994)〟

併記された日本語の碑文はこうだ。

〝この南洋神社には、日本とパラオの祖先神と大東亜戦争の戦死者が合祀されている。ここにパラオの戦死者の名を裏面に刻み、その勇気を讃える〟

裏に刻まれた一九名のパラオ挺身隊員の名前は次のとおりである。

ANTONIO SULIAL
BATESANG DEMEI
BIODAK NGESKEBEI
BAUMERT NGEMELAS
HATSUICHI NGIRAINGAS
IDED METILAB

パラオの南洋神社境内にあるパラオ人戦没者顕彰碑

KERAI MEKREOS
MERS ODAOL
MERESEBANG OITERONG
MERS MALSOL
MESUBED IROMEL
NGIRAKLAND MADRAISAU
NGIRAIRISONG DESULL
NAKAMURA TMANGELWUID
OLEBUU NGIOTEL
ONGILONG RULUKOD
RUDIMCH NGIRUSONG
WES NGIRAILILD
YADA KODEB

ここに大東東亜戦争においてその尊い命を捧げられたパラオの一九柱英霊に対し感謝と鎮魂の誠を捧げたい。

パラオで発行された切手。日本とのつながりが印象深く描かれている

「日本への協力に誇りを持っていました」

大東亜戦争が勃発するやパラオの人々は自ら志願して日本軍に参加した。

かつてパラオ挺身隊に志願して日本の兵隊と訓練を受けていたイナボ・イナボ氏は、平成七年八月十五日に靖国神社で催された第九回戦没者追悼中央国民集会で参集者にこう語りかけている。

《私は、森川部隊の斬込隊に参加しました。私たちは電気がない夜でもよく目が見えました。電気があるところで育った日本の兵隊は夜の暗がりの中では難しかったようです。

私は、戦車攻撃隊の分隊長をやっていました。このとき私は一九歳でした。私の分隊は、背中に爆薬を背負って敵戦車の下に潜り込んで爆破する肉弾攻撃の部隊でした。ちょうどアメリカがペリリュー島に上陸して占領したので、ペリリュー島に逆上陸をかけて敵戦車に肉弾攻撃をかける訓練をやりました。あるときアメリカ軍の攻撃を受けてたくさんの戦友が戦死しました。そんな戦友たちが血と泥まみれになりながら途切れそうな声で、「天皇陛下バンザイ！」「おかあさん！」と言ったことを忘れることができません》(『天翔る青春―日本を愛した勇士たち』)

志願兵として戦死した人々のほかに、米軍の空襲などによって一〇〇人から二〇〇人のパラオ人がその犠牲になったのである。

そして前出のパラオ共和国のクニオ・ナカムラ元大統領はこういう。

《戦ったすべてのパラオの人々は、自らの命を犠牲にして日本に協力しました。彼らは苦しみましたが、日本軍に協力することにたいへん誇りを持っていました》（『天翔る青春―日本を愛した勇士たち』）

日本の委任統治領だったパラオには、それゆえに日本人墓地もある。

エメラルドグリーンの海を遠くに望むこの日本人墓地には、パラオで亡くなった在留邦人の墓のほかに戦後多くの戦没者慰霊碑が建立されてきた。

入り口近くには、海軍の錨マークをあしらった「海軍墓地」の石碑があり、その近くには、一九九六年十月に建立された「パラオ諸島ニ於ケル（旧）日本陸海軍戦没者鎮魂ノ碑」のほか、「パラオ中学校慰霊之碑」や「故海軍特務少尉従七位勲六等川合春四郎之墓」などの大きな石碑や墓標もある。そして苑内の階段を上がったところには、日本パラオ会・サクラ会が昭和四十一年に建立した慰霊碑が並ぶ。この慰霊碑には《南海のパラオの磯に哀しく眠る戦友よ　平らけく安らかなれと祈るなり　永遠に永遠に》とあった。

パラオ共和国――かつてここは日本の委任統治領であり、そしてアメリカ軍の侵略を受けた戦場だったのである。

ツカレナオース、ダイジョウブ

およそ三十年間の日本統治を経験したパラオでは、したがっていまでも日本語を話す年配者も多く、また日本委任統治時代に持ち込まれた多くの日本語がそのままパラオの日常語として定着している。

地元の年配者が集う寄合所に行けば、お年寄りから日本語で話しかけられたりするので日本統治時代との距離がいっそう縮まるに違いない。

「オカネ」（お金）、「テッポウ」（鉄砲）、「コイビト」（恋人）、「ドクリツ」（独立）、「レキシ」（歴史）、「サビシイ」（寂しい）、「デンワ」（電話）、「ベンジョ」（便所）など、五〇〇語ほどの日本語がパラオ語になったのである。なかでも、下着のパンツをパラオでは「サルマタ」（猿股）といい、さらに女性用下着のブラジャーは「チチバンド」（乳バンド）というから面白い。

また「ダイジョウブ」も立派なパラオ語になっており、日本人が「オーケー？」と英語で聞き、パラオ人が「ダイジョウブ！」と答える奇異なやりとりは、よく見かける光景の一つでもある。そして私が選ぶ〝ニホン語〟つまり日本語系パラオ語の大賞は、なんといっても「ツカレナオース」（疲れ治す）だ。これは「ビールを飲む」という意味であり、あの当時の日本人のユーモアのセンスが現代日本人とよく似ていることに、なんともいえない親近感を覚えるのは決して私だけではないだろう。

ただし私が見かけたニホン語のなかで、コンビニエンス・ストア内の清涼飲料水

上からパラオ弁当、「ＹＡＳＵＩ（安い）」と書かれた商店、漢字をあしらったＴシャツ、「風林火山」（？）のショーケース

が並ぶショーケースの上に大きく書かれた「Fu Rin Ka Zan」が何を意味しているのか、さっぱりわからなかった。もちろんこれは「風林火山」からきたものだということは容易に想像がつくが、その横に「Cold Bottle」とあり、その両者がまったく結びつかなかったのである。

余談だが、先に紹介したパラオ高校では日本語が選択科目になっており、この国の親日度がよくわかる。もっとも、ここがかつて日本統治領であったと考えれば決して不思議なことではないが、それはそうと、こうしたニホン語も授業で教えているのだろうか。もしそうなら一度授業を受けてみたいものである。

さてパラオに残る日本語は、身の回り

美しい海で楽しい時間を過ごすパラオの人々

のものだけではない。なんと地元民の名前には日本風のものが多く、スギヤマ、ジロー、タロー、アオキといった名前を持つ人は多い。

事実、私がお目にかかった方のなかにはマユミさん、ユキエさん、マツタロウさんなど、明らかにその語源が日本名である人が少なくなかった。ただし、ユキエさんやジローさんが、名（ファーストネーム）ではなく姓（ファミリーネーム）として用いられていることもしばしばだが、これはご愛嬌だ。

また、ガソリンスタンドに隣接するコンビニエンス・ストアを覗いてみると面白いものがある。「Lunch Plates」と表示されたいわゆる〝弁当〟（地元でも「ベントー」で通じる）は、オニギリと唐揚げの盛り合わせ。オニギリは真中に梅干を添えて「日の丸」をかたどり、一つは黄色いタクアンをのせてパラオの国旗「月章旗」を表現しているのだろう。この国の親日ぶりがそんな些細な日常にもあった。

第❷章　不撓不屈の死闘―寄せられる称賛と感謝

"Three days maybe two"

昭和十九年六月以降、米軍は手痛い損害を被りながらサイパン、テニアン、グアムを手中に収めたが、パラオ諸島を奪取しなければフィリピン奪還は困難となり、したがって台湾、沖縄から北上して九州に上陸するルートは確保できない。そこで米軍は日本の委任統治領パラオの攻略に乗り出したのである。

この方面に睨《にら》みを利かせるペリリュー島の日本海軍の十字滑走路（一二〇〇メートル×２）の奪取が狙いであった。

ペリリュー島はパラオ本島から南に約五〇キロに浮かぶ南北約九キロ、東西約三キロ、面積にして約一三平方キロの小さな島であるが、フィリピン攻略を企図する米軍にとっては喉から手が出るほど欲しい戦略の要衝だったのだ。

昭和十九年八月三十日、ペリリュー島攻略を命じられた米第一海兵師団長ウィリアム・ルパータス少将は、ガダルカナル島で隊員を前にこう豪語した。

《諸君、むろん、われわれも損害は覚悟しなければならない。しかし、本戦闘は短期間で終わるものと確信する。激しい。だが、す早い戦闘だろう。たぶん三日問、あるいはほんの二日間かもしれない》（児島襄著『天皇の島』講談社）

その言葉を信じた隊員たちの間ではペリリュー攻略戦のキャッチフレーズが生まれた。

“Three days maybe two”（スリーデイズ　メイビ　ツゥー）

三日、たぶん二日かも！

米海兵隊員の心は躍った。

米軍上陸部隊は、第一海兵師団約二万四〇〇〇人と付属の海軍部隊など総勢約五万人もの大部隊であった。

そして米軍は、上陸に先立って九月上旬からペリリュー島の日本軍陣地に激しい空爆を加え、九月十二日からはジェス・B・オルデンドルフ少将率いる旧式戦艦「メ

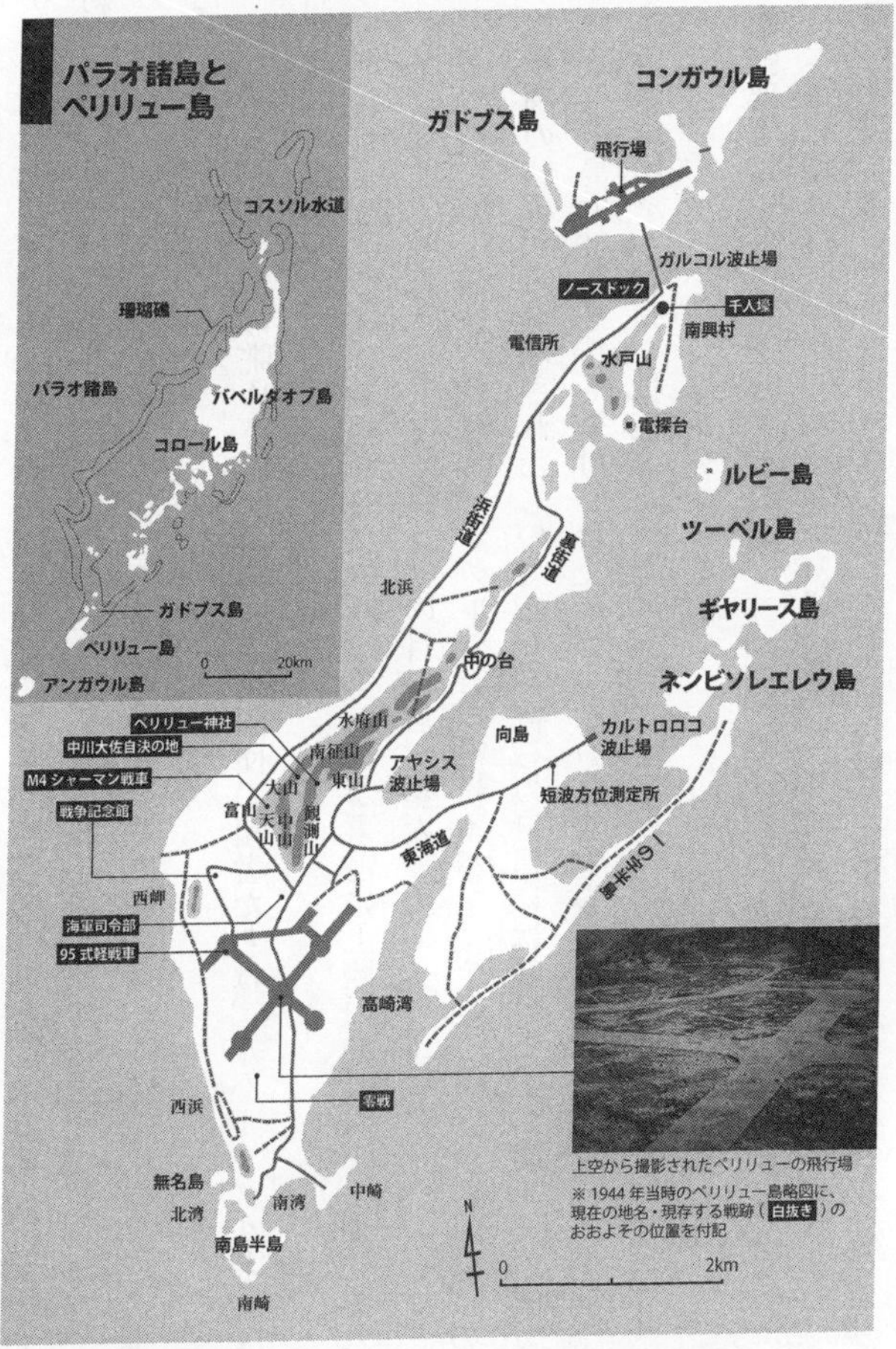

上空から撮影されたペリリューの飛行場

※ 1944 年当時のペリリュー島略図に、現在の地名・現存する戦跡（白抜き）のおおよその位置を付記

リーランド」以下五隻、重巡洋艦四隻、軽巡四隻、駆逐艦一四隻の大艦隊が、島から約七～一三キロの洋上から三日間にわたって激しい艦砲射撃を実施したのである。この三日間に撃ち込まれた砲弾は約一万八〇〇〇発（約二三〇〇トン）という膨大な量だった。

この様子を洋上から眺めていた米第一海兵師団の猛者たちは、ルパータス少将の豪語を信じて疑わなかった。

しかも上陸地点では、米海軍の水中爆破チームが事前に上陸の妨げとなる珊瑚礁などを爆破処理しており、上陸準備は誰の目にも完璧だった。

なるほどこれらの上陸準備は、ガダルカナル、サイパン、テニアン、グアムなどの上陸戦闘の戦訓から計算されたものであり、彼らの自信には頷《うなず》けるものもある。だが、ペリリュー島で彼らを待ち受けていたのは、これまで経験したことのない日本軍守備隊の猛烈な反撃と頑強な抵抗であった。

精強部隊はツルハシをふるった

日本軍守備隊は、中川州男大佐率いる陸軍第一四師団の歩兵第二連隊を中心に、第一四師団戦車隊（天野国臣大尉）、歩兵第一五連隊第三大隊（千明武久《ちぎらたけひさ》大尉）、独立歩

兵第三四六大隊（引野通廣少佐）など陸軍部隊に加え、海軍の西カロリン航空隊ペリリュー本隊（第四五警備隊ペリリュー派遣隊・第三通信隊・第二一四設営隊・第三〇工作隊・南方方面海軍航空隊・特設第三三、三五、三八機関砲隊など）からなる総勢約一万一〇〇〇人だった。

「照」兵団と称された陸軍第一四師団（井上貞衛《さだえ》中将）は、関東軍最強といわれた精強部隊であり、昭和十九年四月に満洲から送り込まれ、パラオ諸島の守りに就いたのだった。

歩兵第二連隊を率いた中川州男大佐

そこで井上師団長は、中川州男大佐の歩兵第二連隊と歩兵第一五連隊第二、第三大隊、独立歩兵第三四六大隊に加え、第一四師団戦車隊などをペリリュー島に配置し、同時に歩兵第五九連隊第一大隊（後藤丑雄少佐）をアンガウル島に配置したのである。

だが、それまで極寒の満洲でソ連軍を仮想敵に訓練を積んできた第一四師団が、まるっきり環境の異なる熱帯の、しかも小さな島の守りを命ぜられたのだから、当初はさぞや困惑したことだろう。ペリリュー島守備隊を任された中川大佐は、あまりにも勝手が違うこの南海の孤島で、精強な部下たちの用兵に腐心したに違いない。

そこで中川大佐は、日本軍がこれまでサイパンやグアムなどで実施してきた水際撃滅と、〝バンザイ突撃〟といわれる総攻撃の戦法を改め、水際には、綿密に火力を連携しあえる頑強なトーチカ陣地を設け、内陸部には、固い岩盤をくり抜いて作った複廓陣地を張り巡らせて、兵士が身を隠しながら戦い続ける徹底持久戦法の方針を打ち立てた。

こうして昭和十九年四月二十六日、ペリリュー島に上陸した中川大佐は、これまでに類例を見ない堅固な水際陣地と複廓陣地の構築にとりかかったのである。

そして北部の山を「水戸山」、中川大佐の戦闘指揮所のあった中央部の台地は「水府山」といった具合に歩兵第二連隊の故郷・水戸にちなんだ地名がつけられた。ちなみに歩兵第一五連は群馬県高崎の郷土部隊であり、こうしたことから歩兵第二連隊は通称「水戸第二連隊」、そして歩兵第一五連隊は「高崎第一五連隊」と呼ばれている。

また両連隊の上級部隊である第一四師団は栃木県・宇都宮を本拠地としており、いずれもが北関東の部隊であった。ただし中川州男大佐は、北関東とは縁のない九州は熊本県の出身だった。

中川大佐が守備隊長としてペリリュー島へ渡った三カ月後の七月十四日、築城指導のために村井権治郎少将がやってきた。だが村井少将は、ペリリュー守備隊長の中川大佐のいわば顧問役であり、守備隊の指揮は階級が下の中川大佐が執ったのである。兵士たちは熱帯の太陽の下、来る日も来る日も固い隆起珊瑚にツルハシをふるって強固な複廓陣地構築に汗を流したのだった。

だがその苦労は無駄ではなかった。複廓陣地の硬い岩盤は、猛烈な米軍の艦砲射撃も、また執拗な航空攻撃からも将兵を守ってくれたのである。そして、物量では絶対不利の劣勢にありながら、精神力に優る日本軍守備隊は、その兵力の大半を失いながらも米軍に未曾有の損害を与えたのだった。

神鬼をも哭かしめる日本軍の猛反撃

昭和十九年九月十五日午前八時、沖合の戦闘艦艇の艦砲射撃とF4Uコルセア戦闘機の対地攻撃の支援を受けた第一海兵師団の上陸部隊は、ペリリュー島の西側海岸に突進を開始した。海兵隊員は、「LVT」(Landing Vehicle Tracked) と呼ばれる約二四人乗りの「水陸両用装甲車」に分乗し、このLVTに七五ミリ砲や三七ミリ砲を搭載した「アムタンク」(Amphibious Tank)と呼ばれる「水陸両用戦車」を先頭に海岸に押し寄せてきたのである。

上陸海岸の一つとなった西浜では、四つの中隊が、上陸地点を、ホワイト1、ホワイト2、オレンジ1、オレンジ2、オレンジ3に区分してそれぞれの担当海岸を目指した。そして突撃第一波のアムタンクが、海岸から約一五〇メートルに迫ったとき、それまで猛烈な艦砲射撃と空爆にじっと耐えて沈黙を守っていた日本軍の水際陣地と、内陸山中の野砲が一斉に火を噴いたのである。

神鬼をも哭《な》かしめる日本軍守備隊の猛

反撃が開始されたのだ。それはまた米第一海兵師団の悲劇の始まりだった。

ペリリュー戦を描いた児島襄氏の『天皇の島』（講談社）には、その凄まじい最前線の様子が描写されている。

《午前八時二十五分――プラー大佐が、ちょうど煙幕をぬけて、サンゴ礁の浅瀬にさしかかったときである。

島をおおった黒煙をぬって、赤閃光がまたたいたと思うと、第一波上陸部隊の周囲を水柱がとりまき、水陸装甲艇は砲弾と機銃弾のうずにまきこまれた。海岸はすぐ目の前である。ガリガリとサンゴ礁を舟底でくだきながら、水陸装甲艇はしゃにむに砂浜にのしあげようとするが、砲爆撃に残った機雷にふれて爆裂す

米軍が上陸したペリリュー島の西浜海岸。現在は美しい浜辺だが（右）、当時は鉄条網が張り巡らされ、防御陣地が構築された

るもの、海岸に上ったものの勢いあまって対戦車壕にはまりこむもの、野砲、速射砲、迫撃砲をまともにうけて炎上するもの、岸辺は瞬時にして燃え上がる舟艇と負傷兵のうめき声に充満した》

だが、これは悲劇のプレリュードでしかなかった。

上陸した海兵隊を待ち受けていたのは、さらなる地獄だった。

《最初の水陸装甲艇の接岸は、午前八時三十二分と記録されている。だが、それは同時に海兵たちにとっては、悪夢に似たペリリュー戦の開幕時間でもあった。

浜辺は大混乱だった。乗りあげた装甲艇から飛びおりた海兵は、地に足がつく前に鉄カブトを撃ち抜かれて倒れた。一弾をうけ、煙をはきながら方向を失った舟艇が、その倒れた海兵をふみくだきながら、別の舟艇に衝突した。

海兵たちは、こわれた装甲艇のかげにうずくまり、鉄カブトで砂をほって頭をつっこんだ。顔から、胸から、誰もがどこか負傷しているようだった。緑色の戦闘服をどす黒く血が染め、砂をいろどった血痕は動きまわる仲間にふみにじられた。

サンゴ礁に火を吹いた装甲艇が点々と傾き、波打ち際にはうつぶせになった死体、あおむけに手をさしのべた死体が浮いた。「衛生兵」と、吹きとばされた片腕を押えた海兵が叫び、その横にすっぽりと首がとんだ死体がいつまでも血をはきだしながら

9月15日の米軍侵攻を迎え撃った日本軍防御陣地

94式37ミリ速射砲（日本軍）

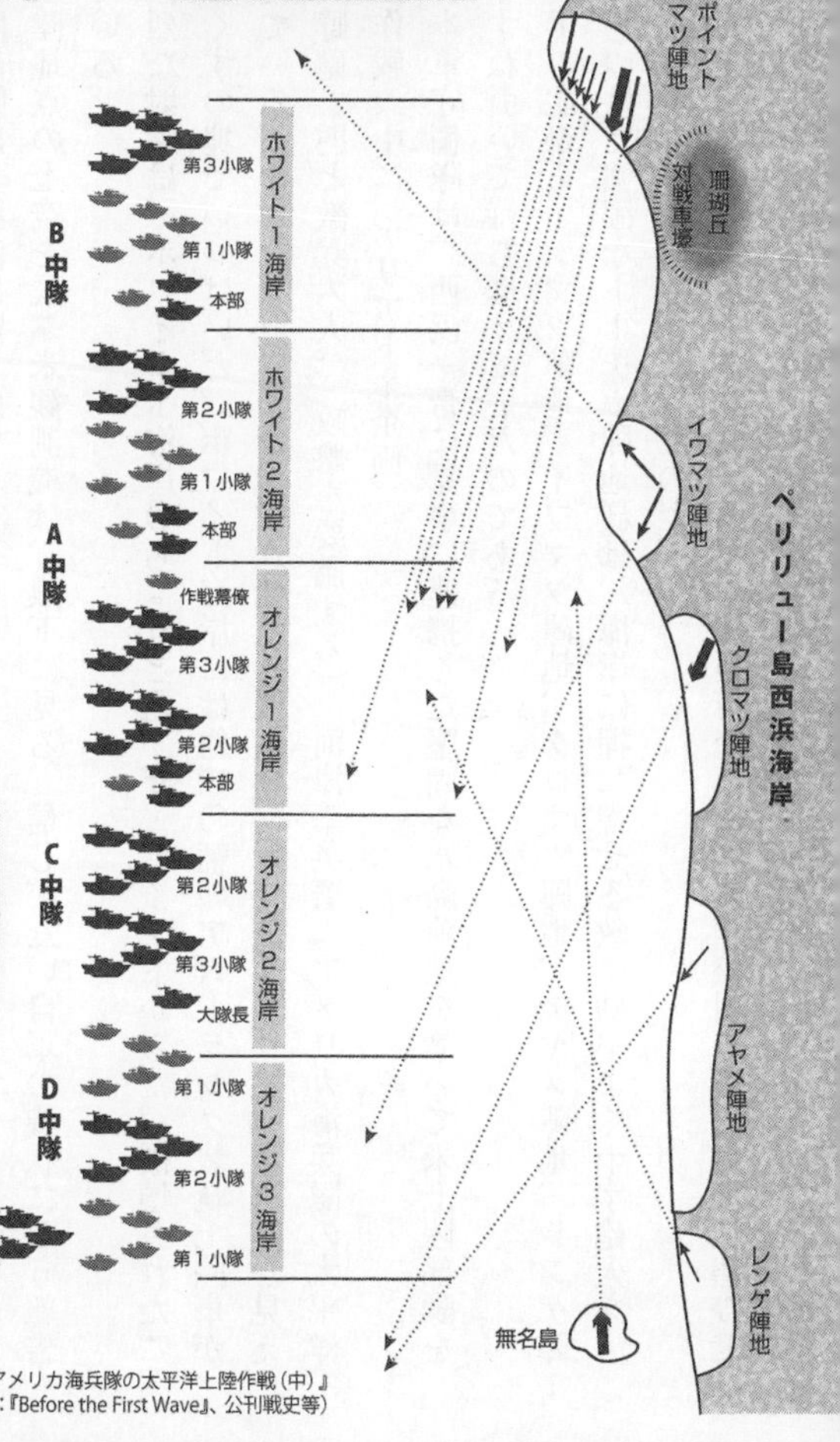

※速射砲2門は南端にあり、図には描かれていない

75ミリ砲アムタンク（米軍）

参考文献：河津幸英著『アメリカ海兵隊の太平洋上陸作戦（中）』（アリアドネ企画）（資料：『Before the First Wave』、公刊戦史等）

倒れていた》

米軍のLVTやアムタンクが次々と日本軍守備隊の直撃弾を浴びて撃破されてゆく。米上陸部隊は大混乱に陥った。

上陸地点の上空を飛ぶ米観測機は、眼下に見る、信じがたい自軍の惨状にこう報告している。

《強烈な射撃は、ホワイト1海岸のちょうど北、ザ・ポイントからだ。破壊されたごみとくずの塊でいっぱいだ。ホワイト海岸には約二〇輛のアムトラック装軌上陸車が燃えている。オレンジ海岸には約一八輛だ。彼らは縦射で破壊されている。敵が見える。野砲一門と敵兵六人。攻撃を要請する》（河津幸英著『アメリカ海兵隊の太平洋上陸作戦〈中〉』アリアドネ企画）

日本軍守備隊は、西浜一帯に見事に連携した堅固な水際陣地を築いて米上陸部隊を手ぐすね引いて待ち構えていたのである。

西浜の北からイシマツ陣地、イワマツ陣地、クロマツ陣地、アヤメ陣地、レンゲ陣地と名づけた強固なトーチカ陣地群は、海岸に押し寄せる敵に効率よく十字砲火を浴びせかけるよう配置されていたのだ。

《西浜の水際防御の基本方針は、両翼の陣地帯から間断無き縦射を敵の側面に浴びせ、海上において舟艇群に大出血を強い、上陸企画を挫《くじ》くことに置かれていた。とくに北(左翼)のイシマツ陣地に布陣していた1式機動四七㎜砲(速射砲)と、南(右翼)の無名島に布陣していた95式野砲(七五㎜榴弾砲)は、両翼の真横から十字砲火を上陸部隊に浴びせ多大の戦果を挙げている。各陣地の火砲は、敵の脆弱な側面射撃によって海岸全体を火制できるように配置され、そのように射撃指導されていたようである(縦射防御)。

さらに海岸地帯には、後方の山岳地帯から発射される大口径榴弾や迫撃砲弾が、真上から落下、昨裂して弾幕をつくる。守備隊の主力砲兵隊が、島中央部にあるウムルブロゴル山中に極秘の洞窟砲台を構築し布陣していたのである。両翼からの縦射と山上からの垂直砲撃によって、三次元的に水際一帯を火制するわけだ》(『アメリカ海兵隊の太平洋上陸作戦〈中〉』)

敵の主力上陸地点となった西岸地区(守備隊長・富田保二少佐)および南地区(守備隊長・千明武久大尉)では、山中に布陣した砲兵との共同によって、米上陸部隊に猛撃を加え、敵を完膚《かんぷ》なきまでに叩きのめしたのである。

千明武久大尉率いる歩兵第一五連隊は、アムタンクを伴うLVTが至近距離に近づくや一斉に銃砲弾を浴びせてこれを見事に粉砕し、後続の敵第二波攻撃も水際に捉えて撃退したのである。この頃、米軍の快進撃に圧されて意気消沈していた太平洋地域の戦域に久しぶりの凱歌《がいか》が上がった。

「話が違うじゃないか!」

アンガウル島で米軍と戦って奇跡の生還を果たした船坂弘《ふなさかひろし》元陸軍軍曹は、その著書『ペリリュー島玉砕戦』(光人社NF文庫)でこう記している。

《富田・千明両大隊の勇戦がなかったら、ペリリュー飛行場はわずかの時間で敵の手中に渡ったであろう》

さらに船坂氏はこう付け加えている。

《敵一個師団対味方二個大隊の攻防戦は、百対零に近い。しかし、米軍に太平洋最強の守備隊と太鼓判を捺《お》させたのは、特にこの朝の千明・富田両隊の強靭な防御戦法なのである》

守備隊を率いる中川大佐も部下たちの大戦果を見て満足げ頷《うなず》いた。

「うん。これでよい。二連隊はだいじょうぶだ!」

海岸は黒煙を噴き上げる米軍車両と、累々たる米兵の屍に埋め尽くされて、その光景はまさに地獄絵そのものであった。

上陸第一日目にして米第一海兵師団は一一〇〇名を超える膨大な死傷者を出したほか、上陸用舟艇六〇隻以上、Ｍ４戦車三両を失った。部隊報告によれば水陸両用戦車やＬＶＴは少なくとも六〇両が破壊されるという未曾有の被害を出したのである。

海兵隊最精鋭といわれた第一海兵師団将兵もこの損害の大きさに驚愕し、そしてこのペリリュー島に陣取る日本軍守備隊に震え上がった。

「話が違うじゃないか！」

「我々はいったいどんな敵と戦っているのか！」

「いままでとは違う！」

精強水戸第二連隊による空前の猛反撃は、それまで自信に満ち溢れていた米第一海兵師団の鼻をへし折り、屈強な海兵隊員らを恐怖のどん底に陥れたのだった。

米海兵隊史上最悪の光景を目のあたりにした米兵たちはこの島を〝悪魔の島〟と呼んで罵《ののし》った。

事実、ペリリューの戦争博物館には、左半身が血みどろになって、いま斃《たお》れんとする兵士の姿を描いた絵画や、戦闘神経症からか抜け殻のように茫然自失となった兵士の顔を描いた作品などが展示されており、米兵らが体験した恐怖がこれらの絵画から伝わってくる。

ペリリュー島に上陸せんとする米軍兵士は、日本軍のあまりの猛撃に震え上がった

米軍兵士のなかには、恐怖のあまり精神に異常をきたし、戦場から離脱させねばならない者が続出した。日本軍将兵の不撓不屈《ふとうふくつ》の敢闘精神に米軍兵士は次々と落伍していったのである。

ペリリュー島南端部の戦闘を経験した米海兵隊のカール・スティーブンソン軍曹のエピソードがそのことをなにより雄弁に物語っていよう。

《この付近には、あらゆる場所に日本兵が潜んでいた。カール・スティーブンソン軍曹は、作戦の第一段階の線に到達した際、斥候として小隊よりも先を進んでいた。その際、深い茂みの中から物音がしたため、砲弾の穴に飛び込んだ。すると、真正面に「これまでの人生で、一番、立派で、奇麗で、カッコいいジャップ」が、彼の前に歩み出て来たところだった。距離にして一〇メートルもなく、彼のみたところ身長も一八〇センチメートルを超えていた。服装も小ぎれいで、アイロンの効いたカーキ色の半袖シャツに、半ズボンに、靴下に、ブーツを履いていた。バッグを背負っていたもののの、ヘルメットは被っておらず、武器も持っていないようだった。

動揺した彼は、最初、このこぎれいな日本兵を、〝シー〟っと追い払いたい欲求に駆られたが、次の瞬間に、持っていた短機関銃の引き金を引いて、連射し日本兵を倒した。ところが、この男は、飛び上がるように起き上がったため、スティーブンソンは、弾倉に残っていた銃弾がなくなるまで撃ち込み、再び倒した。日本兵は、ほんの数秒間、倒れていたが、何と再び起き上がって来た。この光景に驚愕したスティーブンソンは、テープで反対向きに止めていた予備弾倉に入れ替え、弾倉の三〇発、全弾を、目の前の男に撃ち込むと、男は、半分に引き裂かれたような状態になったが、それでも這いながらスティーブンソンの方に向かって来た。
二三歳でアリゾナ出身のスティーブンソンは、さすがに堪えきれなくなり、砲弾の穴を飛び出ると一目散に自分の小隊に逃げ帰ったが、この小さな島の日本兵は不死身ではないかとの恐怖心に捉われるようになってしまった》（ジェームス・H・ハラス著／猿渡青児訳『ペリリュー島戦記』光人社NF文庫）
もはや米兵には、猛烈な弾雨にも決して怯《ひる》むことなく果敢に挑んでくる日本兵が不死身のサイボーグのように映っていたようである。

日本兵は全員がスナイパーのようだった

多大の犠牲を払いながらも圧倒的火力と物量に頼る米軍は、力ずくで日本軍水際陣地を制圧して内陸へと突き進んだ。
翌日九月十六日、西浜を守った第二大隊長・富田保二少佐と南地区を守った歩兵第

スナイパーのような日本兵の射撃に、米兵たちは次々と斃されていく

一五連隊第三大隊長・千明武久大尉が勇戦敢闘の末に相次いで壮烈なる戦死を遂げ、その日の夕方には、米軍は彼らの戦略目標であった飛行場にまで進出してきたのである。

そして海兵隊は、山岳地帯にたて籠もる日本軍守備隊との戦いに臨んだ。

日本軍守備隊は、このときを待っていた。守備隊は、内陸に引きずり込んだところを叩く戦術に切り替えて米軍を待ち構えていたのである。

日本軍守備隊は、島内に構築した五〇〇もの複廓陣地に身を潜め、米軍の激しい艦砲射撃と空爆をやり過ごし、好機とあらば躍り出て米軍に銃砲弾の雨を降らせたのである。まさに日本軍守備隊は、全員がスナイパーとなって米兵を次々と斃していったのだった。

《ホンソウィッツ中佐の第一連隊第二大隊の目標は、中山である。だが、戦車、バズーカ砲、火炎放射器、迫撃砲、機銃、手榴弾、ロケット砲と、ありとあらゆる火器を動員して攻撃したが、「一インチ進むごとに損害は一パーセントずつ増す」という〝教訓〟をさとるだけであった。

午後三時、「援軍がきたぞ」のかけ声に、第二大隊は砂に伏せた顔をあげて喜びに眼を輝かせたが、十五分後、いぜんにもまして憂鬱に頭をたれねばならなかった。

増援にきたのは第一大隊A中隊だったが、中隊とはいえ、定数二百三十五人の生き残り五十六人にすぎない。しかも、勢いよく中山の壁にとりついたかと思うと、たちまち砲弾と銃弾のうずにまきこまれ、ぼろぼろと落下した。無事だったのは、わずか六人》（『天皇の島』）

食糧もなく、水一滴すら口にできない極限状態のなかでも日本軍将兵の士気は潰えず、ただひたすら怨敵必滅の信念に燃えて敵に神弾を浴びせ続けたのだった。

日本軍守備隊は、夜間には少数による夜襲をかけ、日中は岩陰から米兵を狙撃するなど、これまでとは違う日本軍の戦法に遭遇した米軍将兵は驚愕し、恐怖のどん底にたたき落とされたのである。

ある斬込隊などは、わずか三人で米兵二七人を刺殺するなど、その戦果はすこぶる大きかった。

米軍が、「夜襲を止めてくれればこちらも爆撃は止める」と拡声器で日本軍に呼びかけた事実などは、日本軍の夜襲がいかに効果絶大であったかの証左であろう。

米兵たちの心胆を寒からしめたこの日本軍の戦闘について、元海兵隊員エド・アンダーウッド大佐は語る。

「日本兵の射撃の腕は見事なもので、岩陰から一発で米兵をしとめた。そして夜になれば暗闇から襲ってくる……米兵たちは〝見えない敵〟に震え上がったんだよ」

アンダーウッド大佐はさらに言う。

「日本兵は実に勇敢に戦った。当初、米軍は二〇〇名程度の損失でこの島を奪取できると考えたんだが、それはまったくあてはずれだった。日本兵が一発撃つと必ず誰かが殺られた。そう、全員がスナイパーのような腕前で米兵を次々と倒していったんだ」

なるほど日本軍守備隊の射撃の腕前は相当高いものがあったようだ。

《『海兵隊公刊戦史』によれば、日本軍守備隊のライフル射撃のスキルは非常にハイレベルだと賞賛している。多くの海兵隊兵士が、距離二〇〇～四〇〇ヤード（一八二～三六四m）の射撃によって戦死あるいは負傷していたからである》（『アメリカ海兵隊の太平洋上陸作戦〈中〉』）

我が身一つで敵戦車に立ち向かって……

　また、そんな不屈の日本軍守備隊と対峙する米兵にとって頼みの戦車も次々と日本兵の餌食となっていった。

　冒頭で紹介したペリリュー島の英雄・土田喜代一氏は、生涯忘れることのできない小寺亀三郎一等水兵の思い出を語ってくれた。

「いよいよアメリカ軍の戦車が、我々がいる壕に近づいてきたとき、中隊長が『これから敵戦車を攻撃するが、志願する者は手を上げろ！』と言ったんです。その攻撃というのは、棒地雷を抱いて敵戦車に対する肉弾攻撃ですから決死隊です。その攻撃に出れば、生きて帰ってくることはできません。それでも勇敢な二人が志願し、あと一人となったとき、私よりも若い小寺亀三郎という男が手を挙げたんですよ。これには驚きました。だって、その前の日にやっと私が銃の撃ち方を教えたばかりの男が名乗り出たんですから。それまで、少し動きが鈍くて、皆から〝お寺さん、お寺さん〟とからかわれていたような男ですよ。それで私は小寺に、『お前、だいじょうぶか？』と聞いたんです。そうしたら小寺が、こう言ったんです。『両親から、死ぬときは潔く死ねと言われました！』と。これを聞いて私は、そりゃ胸が張り裂けそうでした。小寺は、そう遺して、ほかの二人と一緒に壕を出てゆきました。そしてしばらくしたら、外でドーンという大きな爆発音がしたんです。翌朝、敵に見つからないように水を汲みに壕の外へ出たら、なんと先の方に敵の戦車二両が燃えていたんですよ。小寺亀三郎は見事に敵戦車をやっつけたんです。あの男は本当に立派でした……」

そう言い終えた土田氏の目には涙が溢れていた。

日本軍将兵は誰もが勇敢だった。そしていかなる敵にも怯まず、御国の盾となって堂々と戦った。これが米軍兵士を恐怖のどん底に陥れた我が将兵の姿である。

「不屈の日本軍守備隊と対峙する米兵にとって 頼みの戦車もこうして次々と日本兵

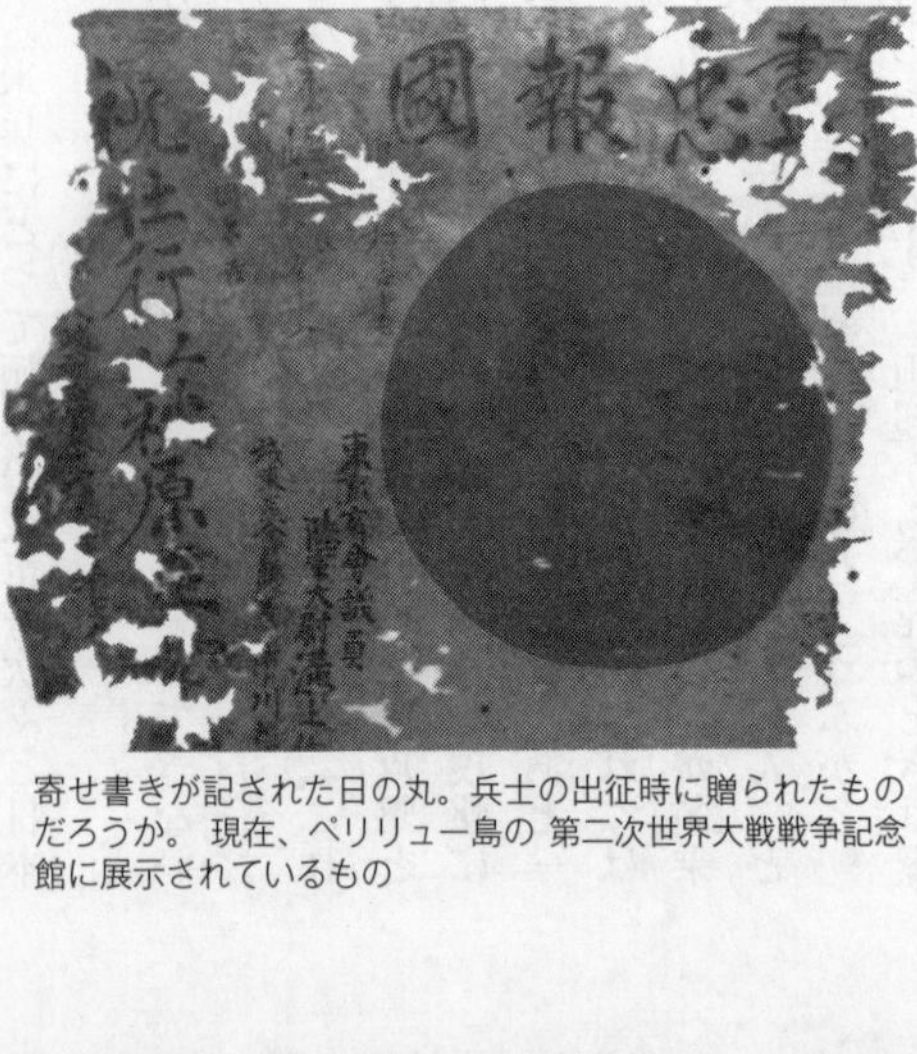

寄せ書きが記された日の丸。兵士の出征時に贈られたものだろうか。 現在、ペリリュー島の 第二次世界大戦戦争記念館に展示されているもの

小休止を取る米兵たち。日本軍の勇猛果敢な攻撃に、米兵の疲弊は極点に達していた

の餌食となっていったのである。
ここに米海兵隊第一連隊第二大隊所属の軍曹の目撃談がある。
《ちょうど日暮れどきだったと思う。シャーマンが一台、のんびりと二〇〇高地（中山）に向かって進んでいた。すると、突然、地面から一人の日本兵が吹きだしたと思うと、後ろから戦車にかけのぼった。天蓋からのぞいていた戦車兵の頭に棍棒でパンチをくらわし、手榴弾を中にほうりこむと、またかけ下りて姿を消した。その間、ものの四秒とかからず、ライフルを日本兵の逃げた方角にむけたときは、シャーマンから爆音と悲鳴がはきだされていた》（『天皇の島』）
九月十九日、E・ホープ大尉の率いる

C中隊が、中山の東の高地に辿りついたが、夜になると日本軍の逆襲によって奪還され、翌朝後退してきたのはホープ大尉のほか、一四人の隊員だけだったという。日本軍の勇猛果敢な反撃を受けて、米軍は想像を絶する損害を受けていた。九月二十日、ルパータス少将は、米海兵隊最強の第一海兵連隊のこれ以上の戦闘継続はもはや不可能と判断し、第七海兵連隊に交代させたのだった。

第一海兵連隊の死傷者は一七四九人、損耗率は五六パーセントにのぼったのだ。上陸六日にして米軍最強の第一海兵連隊は日本軍守備隊に〝テクニカル・ノックアウト〟されたのである。

だが、第一海兵連隊と交代した第七海兵連隊も、すぐに危機に直面することになる。《実際、第7海兵連隊の損害は、限界に達していた。第1大隊が戦闘後に点呼を取ったところ、任務可能な小銃兵は、たった九〇人に減っていたという。海兵大隊の定数は九一八人。小銃中隊の、定数ですら二三五人なのである》(『アメリカ海兵隊の太平洋上陸作戦〈中〉』)

全滅判定された米海兵師団

そんな激しい戦いの最中の九月二十二日、パラオ本島から日本軍の増援部隊が送り込まれた。

飯田義栄少佐率いる第一五連隊第二大隊約八〇〇人が闇夜に乗じてパラオ本島を出発し、ペリリューへ向かったのである。だがペリリュー島を目前に敵艦に発見されて猛烈な攻撃を受け、最終的にペリリュー島に上陸できたのは先遣隊を含めて約四〇〇人だったという。

すべての武器が海没してしまい、身一つでガルコル波止場附近に上陸してきた飯田大隊の将兵は、近くの独立三四六大隊（引野少佐）と合流するなどしてこの激しい攻防戦に参戦したのだった。

この北部地区での戦闘は、北上してきた第一海兵師団の第五海兵連隊との戦いであったが、日本軍は猛烈な反撃を加えて彼らを撃退したのである。

《西街道を通って北向きに攻撃を仕掛けた第五海兵連隊第一大隊は、高地1の日本軍から激しい反撃を受けた。日本軍は、高さ四〇メートルほどの丘に掘られた横穴壕から、小火器、七五ミリ砲、三七ミリ砲、迫撃砲、機関銃など、ありとあらゆる武器を動員してきた。これ以外にも、沖合のガドブス島の日本軍陣地からも砲弾が降り注いだ。海兵隊は、戦車や、火炎放射器付きのアムトラックの支援を受けていたものの、こうした銃砲撃に耐えきれず、攻撃は頓挫した》（『ペリリュー島戦記』）

だが米軍は、大きな損害を出しながらもじりじりと日本軍守備隊を追いつめていった。

米軍は日本軍の堅固な複廓陣地をしらみ潰しにしながら、大山山頂を目指していったのである。

米軍は、日本兵の潜む壕に火薬を放り込んで爆破したほか、ガソリンを注ぐなどして焼き払い、またブルドーザーで次々と陣地の出入り口を塞いでいったのだった。

だがそれでも日本軍将兵の戦意は潰えなかった。

日本軍将兵は、米軍による降伏勧告放送やビラに綴られたつたない日本語の不備を笑いのネタにし、逆に米軍に対して英語の宣伝ビラを準備していたというから、その余裕たるやあっぱれというほかない。そのビラにはこう記されていた。

《アメリカの勇敢な兵士諸君に告ぐ。諸君らは、上陸以来、苦難の連続であろう。苦難に喘ぐ諸君らに、きれいな飲料水ではなく、銃弾しか贈ることができないのは、大変申しわけなく思う。我々は間もなく、諸君らに対して大攻勢をかけるつもりである。いまからでも遅くはないので、武器を捨て、白い旗（もしくはハンカチ）を掲げて、日本軍に投降したまえ。我々は諸君らを歓迎すると共に、快適にもてなすつもりである》（『ペリリュー島戦記』）

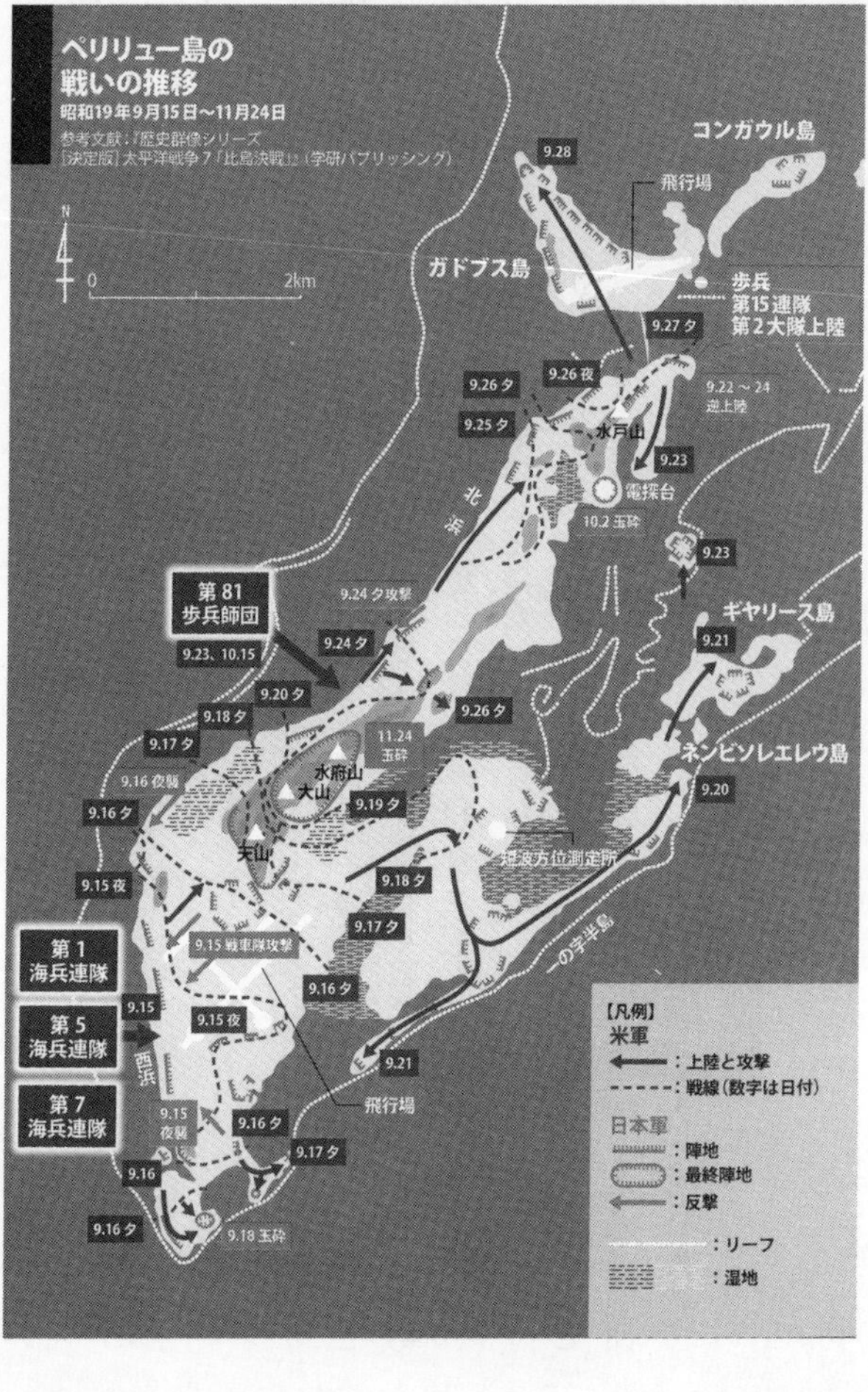
ペリリュー島の
戦いの推移
昭和19年9月15日〜11月24日
参考文献：『歴史群像シリーズ
[決定版]太平洋戦争7「比島決戦」』(学研パブリッシング)
N
0
2km
コンガウル島
ガドブス島
飛行場
歩兵
第15連隊
第2大隊上陸
9.28
9.27夕
9.26夜
9.26夕
9.25夕
9.22〜24
逆上陸
水戸山
9.23
電探台
10.2 玉砕
北浜
9.23
第81
歩兵師団
9.23、10.15
9.24夕攻撃
9.24夕
ギヤリース島
9.21
9.20夕
9.18夕
9.26夕
9.17夕
11.24
玉砕
9.16夜襲
水府山
大山
9.19夕
ネンビソレエレウ島
9.20
9.16夕
天山
短波方位測定所
9.18夕
9.15夜
9.17夕
一の字半島
第1
海兵連隊
9.15戦車隊攻撃
9.16夕
9.15
9.15夜
第5
海兵連隊
西浜
9.21
飛行場
第7
海兵連隊
9.15
夜襲
9.16夕
9.17夕
9.16
9.16夕
9.18玉砕
【凡例】
米軍
：上陸と攻撃
：戦線(数字は日付)
日本軍
：陣地
：最終陣地
：反撃
：リーフ
：湿地

そんな英文の宣伝ビラをもって戦う日本軍の不撓不屈の精神と驚くべき余裕を思い知らされた米軍兵士は、愕然《がくぜん》としたに違いない。

日本軍将兵は最後の最後まで勝利を信じ、一人でも多くの敵を倒すために怨敵必滅の信念に燃えて戦い続けたのだ。

中川大佐は部下にこう訓示していた。

《戦《いくさ》は、つまるところ人と人との戦いである。戦う意志と力をもつものがいるかぎり、戦いは終わらず、勝敗も決まらない。陣地を守る事はその戦いぬくための手段のひとつ。問題はできるだけ多数の敵を倒し、できるだけ長く長く戦闘をつづけることにある。それには守る陣地が多いほどよかと》（半藤一利著『戦士の遺書』文春文庫）

米軍の被害は、深刻の度を増していた。

米第一海兵師団の損耗率は六〇パーセントを超え、ついに〝全滅判定〟されたことで十月三十日までに撤退。隣のアンガウル島攻略戦で一息ついた米陸軍第八一師団（通称〝ワイルドキャット〟）を、ペリリュー島に投入することを余儀なくされたのである。

「天皇の島」――下賜された一一回の御嘉賞

されど衆寡敵せず。圧倒的物量に頼る米軍の執拗な攻撃に、精強な日本軍の戦力も日増しに消耗していった。米軍の包囲網は次第に狭まり、日本軍守備隊は、十月二十三日には七〇〇名となっていた。

そして十一月十七日、米軍は、村井少将と中川大佐がたて籠もる大山の司令部壕に迫る。

いままさに、これまで米軍が〝死の谷〟と恐れた日本軍の狙撃ポイントにも戦車を進出させ最後の掃討作戦を実施しようとしていたその日、村井少将と中川大佐は、パラオ本島の井上師団長宛てに決別の辞を打電した。

《大命を拝し、軍旗を奉じて『ペリリュー』守備の任に就き、戦闘開始以来茲《ここ》に二ヵ月余。此《こ》の間忝《かたじけ》なくも十度の御嘉賞の御言葉を拝し寔《まこと》に恐懼《きょうく》感激措《お》く能《あた》わず。且つ感状を授与され、将兵と共に数々の君恩聖慮と光栄とに感奮、任務の達成を期せしに、今其《そ》の大任を完遂し得ず、光輝ある軍旗と幾多の股肱《ここう》とを失い奉り、誠に申し訳なし。

全員護国の鬼と化するも、再度生れて米奴を鏖殺せん》（『天皇の島』）

翌十一月十八日、日本軍守備隊は一五〇名に減っていた。そして同二十三日からは米軍の総攻撃が開始され、米軍はいよいよ中川大佐がたて籠もる司令部壕の目前に迫ったのである。

いまや健在なる者五〇余名、小銃弾わずかに二〇発、もはや水は枯れ食糧も尽き果てていた。

十一月二十二日、戦況はますます切迫してきたため、中川大佐は急遽一四師団司令部に打電する。

《通信断絶の顧慮《こりょ》大となれるを以て最後の電報は左の如く致し度、承知相成度《あいなりたし》。

左記

一、軍旗を完全に処置し奉れり

一、機密書類は異状なく処理せり

右の場合『サクラ』を連送するに付報告相成度》（『天皇の島』）

そして、矢弾《やだま》も尽き果て刀折れた昭和十九年十一月二十四日午後四時、中川大佐は軍旗を奉焼した後、最期を告げる「サクラ・サクラ」を打電し皆に別れを告げた。

《みな、よく、戦ってくれた。敵上陸いらい七十日、こんなりっぱな戦いができたのは、みなのおかげだ。ご苦労であった。しかし、まだ日本人としての戦いは終わって

ペリリュー飛行場のそばの日本海軍司令部附近での激闘。激しい艦砲射撃に司令部（奥の建物）はすでに大きく損傷している（現在の姿はP116を参照）

いない。その戦いを命令する。みなの足手まといになるといかんから、先に行く》（『天皇の島』）

そう言い終えた中川州男大佐は村井少将らと共に従容として自決を遂げたのだった。

ここに精鋭・水戸第二連隊を中心とする日本軍守備隊の組織的抵抗は終焉した。

米軍上陸から七三日目のことであった。

日清、日露を戦い抜き、大東亜の決戦場に赴いた栄光の「水戸第二連隊」の組織的戦闘は、ここペリリューに終焉したのである。

だが米軍も未曾有の損害を被っていた。

後に米太平洋艦隊司令長官チェスター・W・ニミッツ提督は、《ペリリューの複雑きわまる防備に打ち克つには、米国の歴史

火炎放射器を搭載したアムタンクなどに攻撃されながら、なおも敢闘する日本軍の姿は、後に多くの人々の胸を打った

における他のどんな上陸作戦にも見られなかった最高の戦闘損害比率（約四〇パーセント）を甘受しなければならなかった》と、その著書『ニミッツの太平洋海戦史』（実松譲・冨永謙吾共訳／恒文社）で回想している。アメリカにとってペリリュー攻略戦の代償はあまりにも大きかった。

一方、玉砕した日本軍守備隊は約一万一〇〇〇人であるから、数的劣勢にもかかわらず日本軍将兵がいかに勇戦敢闘したかがおわかりいただけよう。

土田喜代一氏は、戦後米軍が撮影したドキュメンタリー作品やデータなどを見て驚いたという。

「自分たちがあんなに敵を苦しめていたとは思いませんでしたね……日本軍もよく

戦ったんだということを改めて知りました」（土田氏）

当時、日本の戦局はふるわず、連日暗いニュースが前線から届くなか、このペリリューの戦いぶりは大本営幕僚を驚かせ、そして起死回生の逆転を期待させたという。またペリリュー守備隊の敢闘は消沈していた全軍将兵を大いに奮い立たせ、ラバウルの今村均中将は、部下に「ペリリュー精神を見習え」と訓示するほどその精神的影響は絶大なるものがあった。

そして天皇陛下は、常にペリリューの戦況を気にかけておられ、毎朝「ペリリューは大丈夫か」と御下問されていたという。

陛下は、不撓不屈の精神で勇戦敢闘を続けるペリリュー島守備隊に対して一一回もの御嘉賞を下賜されたのだった。――ゆえにこの島は「天皇の島」とも呼ばれた。

九月十五日、九月十七日、九月二十二日、十月六日、十月十八日、十月二十四日、十一月二日、十一月七日、十一月十三日、十一月十五日、そして十一月二十二日、天皇陛下の御嘉賞がペリリュー島の司令部壕に届くたびに皆は感涙にむせび、断固必勝を誓いあったという。そしてこれに奮起した将兵たちは、まさしく護国の鬼となって寄せ来る敵に凛然と立ち向かっていったのである。

終戦後一年八カ月も戦った英雄たち

しかし、その後もいまだ健在なる守備隊将兵五七名は中川大佐の厳命により、遊撃戦を続けた。

山口永元《ひさし》少尉を指揮官とする土田喜代一上等水兵ら三四名の勇士が呼びかけに応じて銃を置いたのは、終戦から実に一年八ヵ月後の昭和二十二年四月二十一日のことだった。

《軍人は最後の最後まで過早《かそう》の死を求めず、戦うのが務めというものだ。百姓がクワをもつのも、兵が銃をにぎるのも、それが務めであり、務めは最後まで果たさんならんは、同じこと。務めを果たすときは、誰でも鬼になる。まして戦じゃけん。鬼にならんで、できるものじゃなか》(『戦士の遺書』)

鬼神をも哭かしめた軍人・中川州男大佐が遺した言葉であった。

前述のとおり中川大佐が自決し、日本軍守備隊の組織的抵抗は終焉した。だがあの状況下で島内各地に散らばって抗戦を続ける兵士たちに、そんな情報が伝わるわけがない。

各員はそれぞれの立場で遊撃戦を続けたのである。土田喜代一氏もそのなかの一人だった。

海軍第七六一航空隊の見張員として昭和十九年六月にペリリュー島にやってきた土田上等水兵は、その三カ月後の九月十五日早朝に見張り台から洋上の米艦隊を発見し報告して以来、ときに一式陸上攻撃機の搭載銃で陣地防御を行ない、あるいは米兵と三〇センチほどの距離で顔を突き合わせながら九死に一生を得てきた不死身の人だった。

　土田氏は、「サクラ・サクラ・サクラ」の電文が発せられた後も、無数にある複廓陣地やリン鉱石の坑道に身を潜めて好機を待った。「必ずや連合艦隊が来てくれる！」、そう信じて戦友たちと遊撃戦を戦い続けたのだった。

　山口永少尉率いる三十余名の兵士たちは、食糧から武器まであらゆるものを米軍から奪い、体力を回復させながら友軍の来援を待った。だが一向に連合艦隊はやって来ない。自給自足の潜伏行動に慣れたころにはすで

土田喜代一海軍上等水兵

に日本国は敗戦していたのである。むろん土田氏らはそんな事実を知る由もなかった。だがあるとき帝国海軍第四艦隊の参謀長・澄川道男少将の名で投降を促す手紙が木にぶら下がっているのを発見した。それでもこれを信じる者はいなかったが、土田氏は直感で「ひょっとすると……」と思ったという。その後、紆余曲折があり土田氏は信じがたい〝終戦〟を確認するために一人集団生活を離れて米軍キャンプに出向いていったのだった。

そこで土田氏は澄川少将に面会して直に終戦の事実を確認し、またわざわざ米軍機でアンガウル島に飛んで、すでに日本人とアメリカ人が一緒にリン鉱石の採掘作業をやっている場面を目のあたりにして終戦を確信したのだった。

土田氏はいまだ潜伏を続ける三三名の戦友にこの事実を報せようと知恵を絞り、それぞれの家族からの手紙や各員の元上官からの命令書を入手して彼らに届けることを決意した。だがそれは命がけだった。もし彼らに〝脱走者〟とみなされれば射殺されることになろう。それでも土田氏は彼らの命を救うためならと覚悟したのである。

そんな決死の覚悟で挑んだ土田氏の説得に、三四名の指揮官であった山口永少尉が応じたのだった。

こうして昭和二十二年（一九四七）四月二十二日、終戦後一年八カ月も戦い続けた

土田氏はじめ３４人が 最後まで戦った陣地の入り口と内部。 入リ口は一人が通るのがやっとだった

ペリリュー守備隊の英雄三四名は、〝帰順〟したのである。これは〝降伏〟ではない。

彼らは米軍からの停戦の申し入れを受け入れたのである。

そして山口少尉が帰順するとき、彼は、水戸第二連隊歌を口ずさみながら米軍の前に歩み出たという。

雄々しきわれら男子《ますらお》は
死なば護国の鬼となり
生きて最後に残るとも
身はすめらぎの神となる

私も、土田氏らが潜伏していた壕に入ってみた。

ひと言で言えば、よくぞこの狭い壕の中でかくも長期間生活したものだと、土田氏らの不撓不屈の精神力に感服した。

この壕は、道路から海側に三〇分ほど密林を分け入ったところにあり、入り口は狭く、体をヨガのようにねじ曲げて滑り込むようにしなければ壕内に入ることができない。

だが狭いのは入り口だけではなかった。内部も天井が低いために壕内では中腰で移動せねばならず、閉所が苦手な人は精神的に参ってしまうかもしれない。

壕内は湿気も高く、壁面は湿っており、土田氏らはここでどうやって体を休めたのだろうかと、あれこれと想像しながら壕内を見て回ったが、なに不自由なく快適な生活をしている我々現代人には想像を遥かに超える生活環境だった。

壕内には弾倉や靴底、そして明らかに米軍から失敬してきたと思《おぼ》しきガソリン缶などが散乱しており、ここが間違いなく三四名の勇士たちの壕であっ

終戦後1年8カ月も戦い続けた後、帰順すべく整列した34名の毅然たる雄姿

たことを物語っていた。

再び体をひねりながら壕の外に出て背伸びをしたが、このとき改めて日本軍人の比類なき精神力と比類なき強靭さを痛感した次第である。

かつて私がペリリュー島の遺骨収集で出会った元米海兵隊員フレッド・K・フォックス伍長は日本軍将兵をこう絶賛する。

《私は、このペリリュー戦がはじめての戦争でした。日本軍は頑強でよく装備されていました。将校は立派でたいへん優秀な軍隊に見えました。戦争ですから多くの戦死者が出るのは当たり前です。ところが日本の兵士達は、任務の如何を問わずこれを必死になって遂行し、一切降伏することなく、戦いを止めず、実に見事な軍人たちでした。強い敵は尊敬される。彼らは正にその言葉通りだったと思います》（『天翔る青春―日本を愛した勇士たち』）

日本軍人は、まさに武人の鏡であり、世界最強の軍人であった。

ペ島（ペリリュー島）の桜を讃える歌

日本軍守備隊の最期の決別電文となった「サクラ・サクラ」は、日本軍将兵の武勇の象徴としていまも地元の人々に語り継がれ、日本軍人は惜しみない尊敬を集めている。

なんと、ペリリュー島にはこうした日本軍将兵の勇気と敢闘を讃える『ペ島（ペリリュー島）の桜を讃える歌』なるものが存在するのだ。この歌は地元のトンミ・ウェンティー氏によって作曲され、故オキヤマ・トヨミさんが作詞を担当した。オキヤマ・トヨミさん、この人も地元パラオの女性である。

『ペ島（ペリリュー島）の桜を讃える歌』

1　激しく弾丸《たま》が　降り注ぎ
オレンジ浜を　血で染めた
強兵《つわもの》たちは　みな散って
ペ島《じま》は総て　墓地《はか》となる

2　小さな異国の　この島を
死んでも守ると　誓いつつ
山なす敵を　迎え撃ち
弾射ち尽くし　食料《しょく》もない

『ペ島の桜を讃える歌』を作詞したオキヤマ・トヨミ氏

3

将兵《へいし》は〝桜〟を叫びつつ
これが最期の　伝えごと
父母よ祖国よ　妻や子よ
別れの〝桜〟に意味深し

4

日本の〝桜〟は　春いちど
見事に咲いて　明日は散る
ペ島《じま》の〝桜〟は　散り散りに
玉砕《ち》れども勲功《いさお》は　永久に

5

今守備勇士《もののふ》の　姿なく
残りし洞窟《じんち》の　夢の跡
古いペ島《じま》の　習慣で
我等勇士の　霊魂《たま》守る

6
平和と自由の　尊さを
身を鴻毛《こな》にして　この島に
教えて散りし〝桜花〟
今では平和が　蘇る

7
どうぞ再びペリリューへ
時なし桜花《さくら》の　花びらは
椰子《やし》の木陰で　待ち侘《わび》し
あつい涙が　こみあげる

8
戦友遺族の　皆さまに
永遠《いついつ》までも　かわりなく
必ず我等は　待ち望む
桜とともに　皆さまを

ここに紹介した歌詞が何を物語っているかは十分にご理解いただけるだろう。

島民の命を守ることを優先していた日本軍人

米軍が上陸する直前に島民をパラオ本島へ退避させ、自らは玉と砕けた日本軍将兵たち。そのことで住民が戦禍に巻き込まれずに済んだことを忘れてはならない。

こんなエピソードもある。

ペリリュー島に米軍が迫り、いよいよ戦いの火蓋《ひぶた》が切って落とされようとするとき、島の人々が日本軍守備隊と共に戦いたいと強く進言した。ところがある将校から「帝国軍人が貴様らと一緒に戦えるか！」と叱責され、無理やりパラオ本島行きの船に乗せられた。島民らはなぜ、あんなに怒られなければならないのかと思いながらペリリュー島を離れたが、後でそれが、島民の命を救うためだったことがわかり、日本軍人に感謝と畏敬の念が湧きあがって涙が止まらなかったという。

ペリリューの戦いを描いたフジテレビの終戦記念スペシャルドラマ『命ある限り戦え、そして生き抜くんだ』（平成二十六年八月十五日放送）でも同様のシーンが登場しており、恐らくこのエピソードは実話だったと思われる。

コロールの国立博物館にも、「食べ物を受け取らなかった兵士」と題した地元のニナ・アントニオ氏による日本軍人の思い出を語った肉声がパネル展示されている。

《……ある日私は、袋を持って、畑の作物をとりにガラルドへ行きました。すると、私たちの小屋に誰かいるの。それは日本の飛行士だった。やせてね、家族の写真を柱に立てかけて、こう、座っているの。私はバナナを持ってきて、「兵隊さん、バナナをどうぞ」と言ったの。すると、「いや、いいですよ。私はもうだめだから。あんたたちのわけ分をとれば、それだけ不足になるから」と言うのです。

私は家に戻って、兄さんや姉さんにこのことを話しました。私たちには日本軍の仕事でニューギニアに行って死んだ兄弟がいます。姉さんはこの弟のことを思い出して、胸が痛くなってこう言いました。「はやくこの食べ物を持っていって。もしその兵隊がこの食べ物を食べたら、私の弟もニューギニアのどこかで何か食べているから」

今度は兄さんが行って、兵隊さんに食べるように話したけど、この兵隊さんは、「いや、大丈夫です」と言って食べなかった。次の日、小屋に行ったらもう姿が見えなかった。この長い道のりをどれだけ行かれたでしょうか。途中でどうなったでしょうか》

たとえ自らが傷つき飢えていようとも、日本軍人は、自らの命よりも地元パラオ人の命を守ることを優先していたのである。

こうしたことがパラオの人々をして日本軍人への称賛と感謝につながっているのだ。

中川州男大佐が戦い抜いた司令部壕の入り口(上)と、附近にあった小銃弾、迫撃砲弾(右)。日本を守るために敢闘した日本軍将兵の気迫が伝わってくる

この島の住民にとって彼らは〝英雄〟だったのである。

余談だが、ペリリュー島の少年スポーツチームはパラオでは最強を誇り、そのチーム名は「サクラ」というそうだ。

コロールの日本人墓地に建つ「パラオ諸島ニ於ケル（旧）日本陸海軍戦没者鎮魂ノ碑」（一九九六年十月建立）の裏側には、こう記されている。

《第十四師団は太平洋戦線の戦局打開のため北満州よりパラオに転進、パラオ諸島守備の任につき、所在陸海軍部隊あわせ米軍と激しい攻防戦の中、終戦となり、この攻防戦で壱萬六千三百五十四名の戦没者を出した。

尚、浦賀に帰還した復員兵は陛下のお出迎えを受け、陛下より師団に次のようなお言葉を賜った。

陛下のお言葉

「パラオ集団ハ寔《マコト》ニ善ク統率力徹底シテ立派ニ戦闘シ復員モ善ク出来テ満足ニ思ウ」》

中川州男大佐が受け取ることのなかった〝二回目の御嘉賞〟であった。

第❸章　鏡のような海面に夕陽は落ちて――美しきペリリュー

まるで昭和十九年から時間が止まったかのよう

激戦の島ペリリュー――。

パラオ最大の都市コロールから南へ約五〇キロの海上に浮かぶこの島へは、コロールの港からおよそ二〇人乗りの小さなボートで行くしか方法がない。

港を出ると、ボートは、恐怖を覚えるほど透き通ったエメラルドグリーンの海を南へ。海面に白い航跡を残しながらマッシュルーム状の島が点在する名勝ロック・アイランドの中を走り抜けてゆく。このあたりの海の透明度は世界一といわれ、世界中のダイバーを魅了するダイビングスポットが多い。それゆえに日本人の間でもパラオは、ダイビングとマリンスポーツのリゾート地として知られている。そんな海を行くこと

TO PELELIU
へようこそ
COME AGAIN
こしください
Smile

ペリリュー島の玄関となるノースドックにて。あたたかな
言葉が迎えてくれる

約一時間、正面に平坦な島影が見えてくる。

ペリリュー島だ。

ボートが島に近づくにつれ、密林に覆われたその姿がはっきりと見えてくる。かつてこの島で日米両軍の死闘が繰り広げられたころは猛烈な艦砲射撃で草木は吹き飛ばされ、隆起珊瑚でできた地表がむき出しとなった。だがいまではすっかり日米決戦前夜の島容を蘇らせている。〝WELCOME TO PELELIU ペリリューへようこそ〟

ペリリュー島の玄関となるノースドックには英語と日本語の歓迎の言葉が観光客を出迎える。パラオ国旗とペリリュー州政府の旗が青空にはためくこの港は、かつてガルコル波止場と呼ばれ、戦雲急を告げる昭和十九年四月に中川州男大佐が幕僚らと上陸した場所でもある。またペリリュー戦真っただ中の九月二十二日に増援部隊となった飯田義栄大尉率いる歩兵第一五連隊第二大隊が逆上陸をしたのも、このあたりの北部海岸だった。

そしてペリリューの戦いを前にパラオ本島に疎開する島民らが船に乗り込んだのもこのガルコル波止場であり、この港はまさに〝歴史の証人〟といえよう。

照りつける熱帯の太陽に目を細めながらあたりを見回せば、六〇〇メートル離れた対岸のガドブス島との間にコンクリート製の鳥居のようなものが並んでいるのがわかる。

実はこれは、ペリリュー島とガドブス島を結ぶかつてのガドブス橋の橋脚で、米軍の爆撃によって橋は破壊され橋脚だけが残っていまに至っているのだ。

かつてガドブス島にも飛行場があり、海軍の航空部隊が駐留していた。

通称〝豹部隊〟と呼ばれた海軍第二六三航空隊のパイロットとして、この地で戦った経験のある笠井智一氏によれば、パイロットらは敵機の空襲を避けるためにこのガドブス島で待機していたという。笠井氏は「ペリリュー島への空襲が激しくなってきたのでガドブス島に退避しておったんです。あの島には戦闘機が離発着できる平地があったから都合がよかったんです」と語っている。つまりこの地域には、二本の滑走路をクロスさせたペリリュー島の飛行場と、その補助としてガドブスの飛行場があった。まさにペリリューは、当時のこの方面の最重要戦略拠点だったわけである。

そしてこのガドブス橋脚の近くには日本軍守備隊のトーチカがある。このトーチカはほぼ完全な姿で残っており、橋脚だけを残して無惨な姿をさらすガドブス橋とは大きな違いだ。トーチカ後部から内部を覗いてみると、銃眼の手前に機関銃を置いたと思われる台座も健在であった。

さらにこのトーチカのすぐ近くには「1000 MAN CAVE」（千人壕）と呼ばれる複

上：ペリリュー島とガドブス島を結ぶガドブス橋脚跡
下：ガドブス橋脚近くの日本軍守備隊トーチカ

上：現在掲げられている「千人壕」の案内板
下：複廓陣地の中にいまも残る「大日本麦酒」ビール瓶

廓陣地がある。

大きな案内板が立っているのですぐにそれとわかるのだが、この複廓陣地は、北部地区防衛を担当する引野通廣少佐率いる独立歩兵第三四六大隊の本部壕だった。壕は、まるでテレビアンテナの形状のように縦横に掘られており、その名のとおり相当数の人を収容できる大きさだ。

懐中電灯を頼りに壕内に足を踏み入れてみると、奥に行くほどガサッガサッという靴音が大きく聞こえてくる。そして懐中電灯の光に浮かび上がってきたのは、錨マーク入りの海軍の食器や小銃弾を入れる携帯弾薬盒、靴底、コイル式電話線のほか無数のビール瓶だった。このビール瓶は水を溜めるのに使っていたのだろうか、その表面の土を人差し指で払いのけてみると、DAINIPPON の刻印が浮かび上がってきた。戦前の大日本麦酒株式会社のことだが、ビール瓶は腐食したり変形したりしないので、この洞窟がつい昨日まで使われていたようにも思える。

それにしても、よくぞこの固い隆起珊瑚の岩盤を手掘りしたものだと感心しながら壕内を進んでゆくと、今度は懐中電灯が旭日旗と塔婆を照らし出した。日本からやってきた慰霊団がお供えしたものだった。私は向き直ってその旭日旗に直立不動で最敬礼し、その場で手を合わせて引野大隊の英霊に感謝の誠を捧げた。

また壕の外には、水戸山を背にして道路沿いに等間隔で銃眼が並ぶ横長のトーチカがある。この附近では九月二十六日前後に米第一海兵師団との間で激しい戦闘が行なわれており、このトーチカでも多くの日本兵が散華したに違いない。私はトーチカに向かって深く頭を垂れて鎮魂を祈った。

ちょうどこの横長トーチカを過ぎてかつての北浜街道を南に進むと、しばらくしてペリリュー州政府庁舎や民家が集まるいわゆる〝市街地〟に到着する。

ここがペリリュー州の中心で、教会や、パラオ共和国初代大統領ハルオ・イグナシオ・レメリックの墓などがある。またペリリュー島で唯一の学校となるペリリュー小学校（Peleliu Elementary School）もあるが、この小学校は、日本統治時代の公学校の跡地にできたものであり、門柱は日本統治時代のものがそのまま使用されている。

そのほか、この地区には、食品や雑貨を扱う小さな商店をはじめ、ＷｉＦｉが使える小さなレストラン＆バー、そしてガソリンスタンド――といってもすべて〝セルフサービス〟だが――があり、ここは島の人々の生活の中心地なのだ。そんな中心部の民家のなかにひときわ大きな鉄筋コンクリートの建物がある。これは日本海軍の電信所で、砲爆撃で破壊された状態のまま遺されているのだ。

現在、ペリリュー島には、五〇〇人ほどの島民が暮らしているが、信号機や横断歩道はもとより通信インフラも未整備であり、さらに電力事情もよくないため観光開発は思い通りには進んでいないようだ。

逆にそのため島内には、日米両軍の各種兵器をはじめ、砲爆撃で破壊された日本軍守備隊の建物やトーチカなどがそのまま遺される結果となり、まるで昭和十九年（一九四四）十一月から時間が止まったかのようである。

私財を投じて整備された慰霊施設、博物館

さて、再び話を戻して北浜街道をさらに南下しよう。

日本人観光客がよく泊まるマユミハウスの近くには、「Heroic Dead（勇敢なる戦死）」と記された米陸軍第八一歩兵師団・第三二一連隊の記念碑がある。恐らくここは、北上してきた第三二一連隊と、待ち構えていた日本軍守備隊の間で激しい戦闘が繰り広げられた場所なのだろう。

さらに南下すると、ペリリュー島の墓地内に設けられた通称〝みたま〟と呼ばれる日本軍慰霊碑がある。

大きな白い慰霊塔は、ペリリュー島戦没者遺族会の「みたま会」によって建立されたもので、その周囲には大小さまざまな慰霊碑が並んでいる。

ここはまさに日本軍慰霊地区であり、日本国政府による「戦没日本人の碑」もある。そして〝戦車隊の英霊よ安らかに〟と刻まれた「戦車隊の碑」や、ペリリュー戦で大活躍して玉砕した武勲の第一四師団砲兵大隊（小林与平少佐）のための「砲兵隊慰霊碑」、さらに、アンガウル戦の英雄・船坂弘氏が建立した慰霊碑もある。船坂氏の建立した慰霊碑には〝尊い平和のために勇敢に戦ったペリリュー島守備隊の冥福を祈り永久に其の功績を傳承《でんしょう》し感謝と敬仰の誠を此処に捧げます〟とあった。そして将兵の遺族による個人名の小さな慰霊碑は、寄り添うように建っている。

そのなかに、南地区で米軍に未曾有の損害を与えた英雄・歩兵第一五連隊第三大隊長・千明武久大尉の碑もあった。

その慰霊碑にはこう刻まれている。

陸軍少佐　従六位　勲五等　千明武久

靖献院武山壮英居士

大正六年四月十五日生　行年二十七歳

昭和十九年九月十六日　散華す

ペリリュー島戦没者遺族会「みたま会」が建立した慰霊碑

私はペリリュー島を訪れるたびにこの日本軍慰霊地区を訪れ、国歌『君が代』と『海ゆかば』を奉じて英霊に対し感謝と鎮魂の誠を捧げている。だがそのたびに涙がこみあげ、いつも最後は、胸がつまって歌い切ることが難しくなるのだ。

南海の孤島で遥か遠く離れた祖国日本を想いながら、威風堂々と仇敵に立ち向かっていった先人にただ感謝あるのみ。

私は、涙に揺れる慰霊碑群を見つめながら深く頭を垂れ、頬《ほほ》を伝うひと滴をペリリューの大地に落とすのだった。

ペリリュー島には、日米の激しい戦闘を知ることができる「第二次世界大戦戦争記念館」(Peleliu World War2 Memorial Museum)がある。

戦争記念館の外壁と展示。建物は旧日本軍通信局として使われていたもの

そもそもこの建物は日本軍通信局であり、米軍の砲爆撃によって外壁は弾痕だらけだが、その外観をそのまま生かして記念館（博物館）につくり変えられたのだった。

館内には、当時使われていた機関銃や小銃が展示されているほか、ペリリュー戦にかかわるたいへん貴重な資料類も展示されており、島に着いたら真っ先に立ち寄っていただきたい戦跡スポットでもある。

ところが開館当初、展示されている日本軍守備隊の兵器は、とても展示とはいえない状態にあったため、むさしコーポレーション社長の横山高司氏が私財を投じて補修・整備を行なったのだった。

横山高司氏は言う。

「私が訪れたとき、日本の兵器は床に転がっているような状態で、あれでは勇戦敢闘して亡くなっていった日本の将兵が浮かばれないと思い、アメリカ人館長のディビット・マクレーン氏に掛け合って展示コーナーの整備に乗り出したんです。結局整備するのに三年かかりましたが、これで英霊が喜んでいただけると思えばその苦労もなんということはありません。しかし本来こうした戦争記念館の整備は日本政府がやるべきものではないでしょうか」

まったく、そのとおりである。

この戦争記念館の日本側展示の改修にあたり、日パ両国の多くの方々が厚意と協力を寄せてくれた。パラオ共和国在日特命全権大使ミノル・F・X・ウエキ氏、パラオ共和国ペリリュー州酋長シゲオ・オパック氏、パラオ共和国ペリリュー州知事カンイチ・ウチャウ氏、パラオ共和国ペリリュー州議長チャールズ・デセンゲイ・マツタロウ氏、日本国参議院議員・佐藤正久氏、日本国参議院議員政策担当秘書・佐藤政博氏、その他出版社や企業の方々が横山氏の思いに共感して協力を惜しまなかった。

だが日本大使館は無関心だった。

横山氏は、まだ天井が雨漏りしているのでこれを天皇皇后両陛下の御行幸啓（平成二十七年四月）までになんとかしなければならないと気をもんでいるのだが、果たして日本大使館はこのことに気づいているのだろうか。

将兵の思いを追体験して

さて千明大隊が勇戦した南地区には堅固なトーチカの一つが原形をとどめている。一目ではトーチカだとわからないように、珊瑚でできた岩が積まれており、銃眼は鉄の扉が開閉する仕組みになっている。また米軍の猛烈な砲爆撃にも耐えた分厚いコンクリートの壁はいまも健在で、保存状態のよいトーチカ内部に足を踏み入れれば、

洞窟陣地に据え付けられた20センチ沿岸砲がいまも睨み
を利かせている（P126参照）

我が歩兵第一五連隊の将兵の息遣いが聞こえてきそうだ。

またトーチカの脇の密林の中には錆びて朽ちた九四式三七ミリ速射砲が放置されており、生々しい戦場の光景が浮かび上がってくる。

米海兵隊が上陸してきた島西部の海岸一帯には、かつて自然の岩などで巧みに偽装された日本軍守備隊の堅固な陣地が配置されていた。いまも西浜北部のイシマツ陣地と南のイワマツ陣地には珊瑚で覆われた堅固なトーチカが遺されており、どのトーチカも銃眼周辺に無数の弾痕が残るなど激しい戦闘が繰り広げられたことを物語っている。

第七海兵連隊が殺到した西浜南部のオレンジビーチも、七〇余年前の激しい戦闘が嘘のようにいまは静まりかえっている。かつては米兵の血で赤く染まったといわれる激戦海岸の海は、いまでは鏡のように空の青さを映しているのだ。

西に傾く太陽の光を全身に受けながら、上陸海岸に立って、静かに瞼を閉じれば、護国の鬼と化した我が守備隊の放つ神弾に次々と倒れゆく敵兵の姿が浮かんでくる。

このオレンジビーチには米陸軍第八一師団の記念碑が建ち、白い十字架と「USA」の文字をかたどった植込みがある。だが、そもそもペリリュー戦が始まるやこの海岸に上陸して日本軍と死闘を繰り広げたのは第一海兵師団だった。ところがここには海兵隊の慰霊碑はない。

どうやらここは米陸軍第八一歩兵師団の戦死者の遺体が一時的に埋葬されていた場所だったようである。

島民を救った日本軍の防空壕

ペリリュー戦の戦端が開かれた九月十五日、海兵隊がこの西浜に上陸作戦を敢行したのは、その後方に控える飛行場を奪取するためだった。

固い隆起珊瑚の上に整備された一二〇〇メートルの十字滑走路は、小型の戦闘機だけでなく、爆撃機などの大型機も離発着できる西カロリン諸島最大の航空基地だった。

そのため米軍にとってはペリリュー攻略の最大の目標となった。

かつてこの飛行場から出撃したこともある前出の海軍第二六三航空隊所属の零戦搭乗員・笠井智一氏はこう語ってくれた。

「ある日、我々は、モロタイ島のガブ基地に展開していた海軍第二六五航空隊〝狼部隊〟の搭乗員がマラリアとデング熱にやられて飛行機が遊んでいるから、それを拝借してこい、という命令を受けたんです。それでモロタイ島に行って零戦を受け取って、

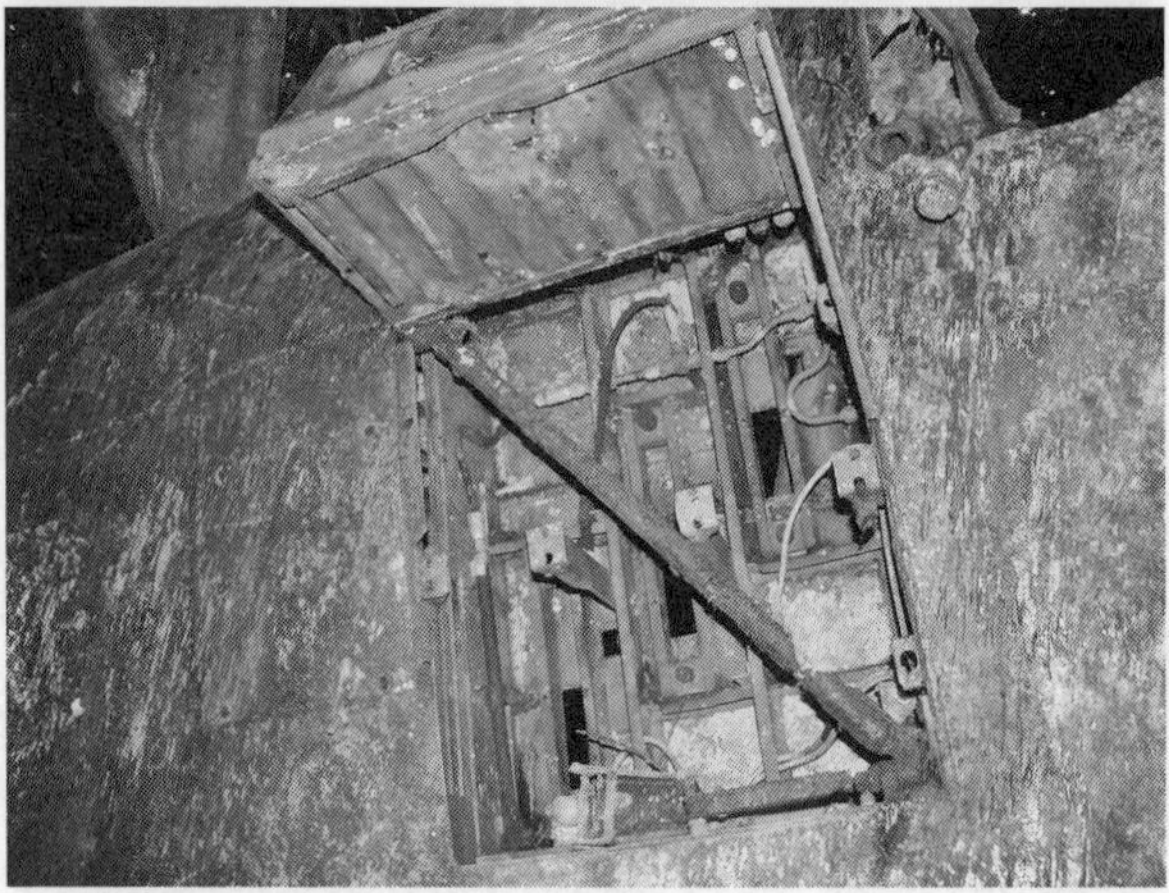

上：千明大隊のトーチカ
下：撃墜されたグラマンＦ６Ｆの翼（P123）

上：ペリリュー飛行場
下：飛行場の南端に残る零戦

またペリリュー島に戻って、サイパン島に上陸したアメリカ軍の攻撃に行ったんです」

このサイパン攻撃は、ペリリュー島からまずヤップ島へ飛び、そこからサイパンに向かう長距離作戦だった。だが、そのころには艦上爆撃機や艦上攻撃機は不足しており、爆撃任務は「六番」と呼ばれた六〇キロ爆弾を搭載した零戦によって行なわれたという。笠井氏はその上空直掩任務に就いていたのだった。いずれにせよペリリューの飛行場は、このように重要な戦略拠点だったのである。

「もう記憶は薄れてしまってよく思い出せませんが、野っぱらだけのガドブス島の飛行場とは違ってペリリュー島の飛行場は広くて立派な滑走路だったことは憶えています」

この滑走路を車で全力疾走すれば、当時のパイロットの離着陸を追体験することもできる。ちなみに一本の滑走路はさらに延長されていまでも使われることがあるという。

そんな滑走路の南端の密林の中には、当時この飛行場で使われていた零式艦上戦闘機を見ることができる。

この機体は、胴体後部、エンジン、両翼端が失われているが、特徴ある風防ガラスの骨組みはしっかりと残っており、一目で零戦（型式不明）だとわかる。またこの機体は主脚を出したままの状態であることから地上で撃破されたものと思われる。

ペリリュー飛行場は、当時、大谷龍蔵大佐を司令とする西カロリン航空隊の管轄下にあり、飛行場西側にはその司令部が置かれていた。そしてこの海軍司令部の建物はいまも遺っており、内部を散策することもできる。

激しい艦砲射撃と空爆のせいで外壁は吹き飛ばされ、その外観は著しく損なわれているが、それでも頑丈な鉄筋コンクリートの柱はしっかりと二階部分を支えている。中に足を踏み入れてみると、砲爆撃で破壊された天井から陽の光が一階部分に差し込み、幻想的な空間に誘われる。残されたコンクリートの外壁にはツタがからみ、金属製の窓枠が外側にひしゃげている。天井から直撃弾をくらって建物の中で爆発し、その爆風が外へ抜けたのだろう。コンクリートだけが吹き飛んで鉄筋がむき出しになった柱を見ると、米軍の艦砲射撃の激しさに戦慄を覚えぬ者はいまい。

飛び込んできた艦砲弾に砕かれ、無数の弾痕が残る階段をそろりそろりと二階へ上がると、砲弾で砕け散ったコンクリートが床に散らばったままだ。二階中央部の床は完全に喪失しており、テラス部に行くのには注意が必要となる。

西に傾きかけた太陽の光を受けてテラスに生えた雑草が揺れる。

上：海軍司令部庁舎の外観
下：海軍司令部庁舎の内側。いまも内部を散策できる

〝夏草や兵《つわもの》どもが夢の跡〟

そんな芭蕉の句が脳裏を過《よぎ》った。

司令部庁舎の隣には半地下の防空壕があり、ほぼ完全な形で遺っている。階段を下りて中に入ってみると、内部は二〇人ほどを収容できるスペースがあった。

余談だが、近年、この防空壕が巨大台風から島民を守ったという。

上：37ミリ砲を搭載したアムタンク（LVT）
下：日本軍が築いたカマボコ型防空壕。頑強なつくりで巨大台風から島民を守った

平成二十五年（二〇一三）十一月七日、巨大な台風がパラオを襲った。その結果、パラオ各地は凄まじい暴風雨によって甚大な被害を受け、その被害額は一〇〇〇万ドルにのぼった。このとき親日国家パラオの惨状を見た四〇〇〇人を超える

日本国民から多額の寄付が寄せられ、駐日大使フランシス・M・マツタロウ氏から感謝のメッセージが発表された。

だが、ペリリューの島民を救ったのはこの海軍司令部に隣接する堅固な防空壕と、飛行場近くのカマボコ型防空壕だったのだ。後者は最近ジャングルの中で発見された空襲時の退避壕で、頑丈なコンクリートでできている。要するに、巨大台風がペリリュー島を襲ったとき島民はこの日本海軍の防空壕や海軍司令部の付属防空壕に逃げ込んで難を逃れたのだった。

またしても日本軍はペリリューの人々の命を救ったのである。

私は現地でこの話を聞かされ、なんとも誇らしい気持ちになった。ひょっとすると島の人々は、日本軍の防空壕の中で、猛烈な風雨に震えながら、心の中で『ペ島の桜を讃える歌』を歌っていたかもしれない……そんな想像を逞《たくま》しくした私は、「よくやった！」と防空壕を軽くたたいてその労をねぎらったのである。

当時のまま遺されたシャーマン戦車

日米両軍の熾烈を極める戦いが繰り広げられた島南部の飛行場附近には、こうした日本海軍の建造物のほかに両軍の兵器が遺棄されたままになっている。

海軍司令部からほど近い三叉路の真ん中には砲塔を吹き飛ばされた陸軍九五式軽戦車が擱座《かくざ》している。この戦車は、ペリリュー島に配備された天野国臣大尉率いる第一四師団戦車隊の九五式軽戦車一七両のうちの一両である。

赤さびに覆われた車体の右側面にはバズーカ砲の直撃を受けたと思しき貫通痕がある。転輪にも貫通痕が認められる。恐らくこの戦車は、上陸した米軍を海に追い落とすべく海岸に突進したが、敵の対戦車火器の集中攻撃を受けて撃破されたのだろう。むろん、そうなれば乗員の生存は絶望的だ。米軍上陸地点を向いて擱座したその姿に〝無念〟の二文字が湧きあがってくる。

私はその車体にそっと手を添えて静かに黙禱を捧げた。

また滑走路の北側には、米海兵隊のLVTと水陸両用戦車がある。

この二両のLVTは、恐らく日本軍守備隊の攻撃で撃破され、そのまま放置されたものだろう。

一両は、兵員輸送用のLVTで、もう一両は、七五ミリ砲を搭載したLVT（A）―4だ。LVT（A）―4は、兵員輸送はできないがその搭載砲で日本軍陣地を攻撃しながら兵員輸送型LVTの揚陸を支援したアムタンク（水陸両用戦車）である。アムタンクは、上陸後は戦車として運用されたが、米軍主力戦車M4シャーマンに比べて

日本軍の地雷で撃破されたＭ４シャーマン戦車が当時のままの姿で今も遺る

装甲が薄いため日本軍守備隊の餌食となって被害は続出したという。

だが強力なM4シャーマン戦車も、実は、日本軍の攻撃で相当数が撃破されていたのだ。

日本軍守備隊の一式機動四七ミリ速射砲は、M4シャーマン戦車の側面ならばその厚い装甲を撃ちぬくことができた。また、前述したように日本兵は、対戦車爆雷を背負って肉弾攻撃を仕掛けたり、戦車によじのぼって砲塔の天蓋から手榴弾を投げ込むなどして強敵M4シャーマン戦車をも次々と葬っていったのである。

そんな撃破されたM4シャーマン戦車が、かつて富山と呼ばれた山岳地帯にあった。横転した無惨な姿をさらし続けるこの戦車は、昭和十九年十月十八日に、墜落した米海軍機のパイロット二人を救出するために出動した米陸軍第八一歩兵師団第七一〇戦車大隊A中隊第一小隊所属の一両だった。この戦車はその任務に向かう途中で、地中に仕掛けられた地雷によって底部を吹き飛ばされたのである。なるほど戦車底部は爆発によって完全に破壊されおり、周囲にはM4戦車の部品や鉄兜《てつかぶと》などが飛び散ったままなのだ。

この戦車の脇には平成九年（一九九七）に建てられた慰霊碑があり、そこにはCPT. MICHAEL VALENTINO（マイケル・バレンチノ大尉）、PFC.GEORGE LOPES

（ジョージ・ロペス一等兵）、PFC.HOWARD DAHMS（ハワード・ダームズ一等兵）の三人の戦死者の名前が刻まれている。

実はこのすぐ近くのジャングルの中に米海軍機の残骸があった。

密林をかき分けて行くと巨大なネイビーブルーの左主翼を発見。近づいて見ると、主翼に白い星が描かれており、一二・七ミリ機銃三門が内蔵された部位のパネルが開いて弾倉が地面に転がっているではないか。とにかく、でかい主翼だ。その形状からすぐに、この機体は米海軍戦闘機グラマンF6Fヘルキャットだとわかる。

周辺には垂直尾翼やフラップなど機体の部位が散乱しており、このF6F戦闘機は日本軍守備隊によって撃墜されたものと思われる。ということは、すぐ近くの山の上で撃破されたM4戦車はこの戦闘機のパイロットを救助しにやってきたということなのか。だがF6Fは単座戦闘機だから、戦車のミッションであった「二人のパイロットの救出」とは符合しない。

あるいはここから少し離れたところの道路脇に米海軍のTBFアベンジャー艦上攻撃機（雷撃機）の残骸が散乱しているが、救助対象はその乗員だったのだろうか。だがTBFアベンジャーの乗員は三人であるからこれも違うようだ。ちなみにこの搭載機銃には弾丸が装填された状態のままであるため、恐らく本機も作戦中に日本軍守備隊に撃墜されたものと思われる。

いずれにせよ、かくも多くの米軍兵器が撃破あるいは撃墜された状態で遺されているのは、ペリリュー島をおいてほかになかろう。

さて前述のM4シャーマン戦車とグラマンF6Fヘルキャット戦闘機の残骸の近くにはたいへん珍しい〝住宅〟に暮らす男性がいる。マニエル氏だ。

驚くべきことにマニエル氏の自宅は、なんと日本海軍の航空機用掩体壕だったのだ。

この家は、掩体壕の入り口部分に木製の住宅を増築したもので、当然ながら奥行きがある。内部を見せてもらったが、掩体壕部分にも部屋が増築されており、大きなパラオ国旗の両脇に日の丸と星条旗が掲げてあった。

私が「この家はパラオでもっとも頑丈ですね」と言うと、嬉しそうに「そのとおり！」とご満悦の表情だった。

だがさらに驚いたのは、彼が日本軍機の残骸を保有していたことだった。

マニエル氏に案内されてご自宅の奥に行ってみると、そこは倉庫として使われており、日米両軍の水筒や飛行機の残骸が目に飛び込んできた。

マニエル氏が「これだよ」とばかりに持ち上げて懐中電灯で照らしたのは、なんと日本海軍の急降下爆撃機「彗星」一一型の機体の一部だった。よく見るとそのパネルには、「愛知四三九六號機」という文字がはっきり見える。さらに別のパーツは、右主翼の日の丸の部位で、そのほかにもキャノピーの窓枠やらラダーペダルなどもあった。

これまでまったく知られていなかったが、こうしてペリリュー島では、いまでも次々と〝新しい兵器〟が見つかっているのである。

〝死の谷〟と呼ばれた決戦の舞台にて

ペリリュー戦の緒戦は水際での戦いであったが、奮戦する水際陣地の味方を援護し、その正確な射撃によって米兵の心胆を寒からしめたのが、小林与平少佐率いる歩兵第二連隊の砲兵大隊だった。

陸軍部隊の保有する火力は、米軍のそれとは比べものにならないほど劣勢であったが、一〇センチ榴弾砲四門、野砲一二門、山砲三門、歩兵砲七門、速射砲三一門など五〇門以上の大砲と新兵器の九七式中迫撃砲（口径一五〇ミリ）を随所に配備して米軍を苦しめ続けたのである。

ペリリュー神社と第一海兵師団記念碑がある大山の麓の斜面には一〇センチ榴弾砲の洞窟陣地がある。巧みに隠蔽されたこの砲は、上陸してくる米海兵隊に砲弾の雨を降らせたことだろう。

ちなみに平成十一年ごろにはまだその砲弾が野ざらしとなっていたが、いまでは観光客への安全対策のため危険な砲弾はすべて撤去されている。

日本軍の火力は陸軍のものだけではなかった。

海軍も、二〇センチ沿岸砲一二門、一五センチ沿岸砲八門、一二・七センチ沿岸砲二門、一二センチ沿岸砲二門、一二センチ高角砲一六門に加えて二五ミリ高射機関砲一八三門など相当数の大砲等を配備して米軍を迎え撃ったのである。

中山の斜面には、洞窟陣地に二〇センチ沿岸砲が据え付けられており、これが完全な姿で遺っている。ということは、つまり艦砲射撃や空襲を見事に逃れ続けたということである。

それにしても現代のような重機がない時代に、どうやってかくも大きな大砲をあんな高い場所につくった洞窟陣地に設置したのだろうか。いまではこの二〇センチ沿岸砲は、ペリリュー戦跡ツアーの目玉の一つとなっているが、日本軍の築城技術の高さを思い知らされる。

ちなみにこの砲陣地の下には、三七ミリ砲を搭載した米軍のLVT（A）－1が遺棄されているが、敵同士がこのような近距離で存在するのは極めて珍しい。

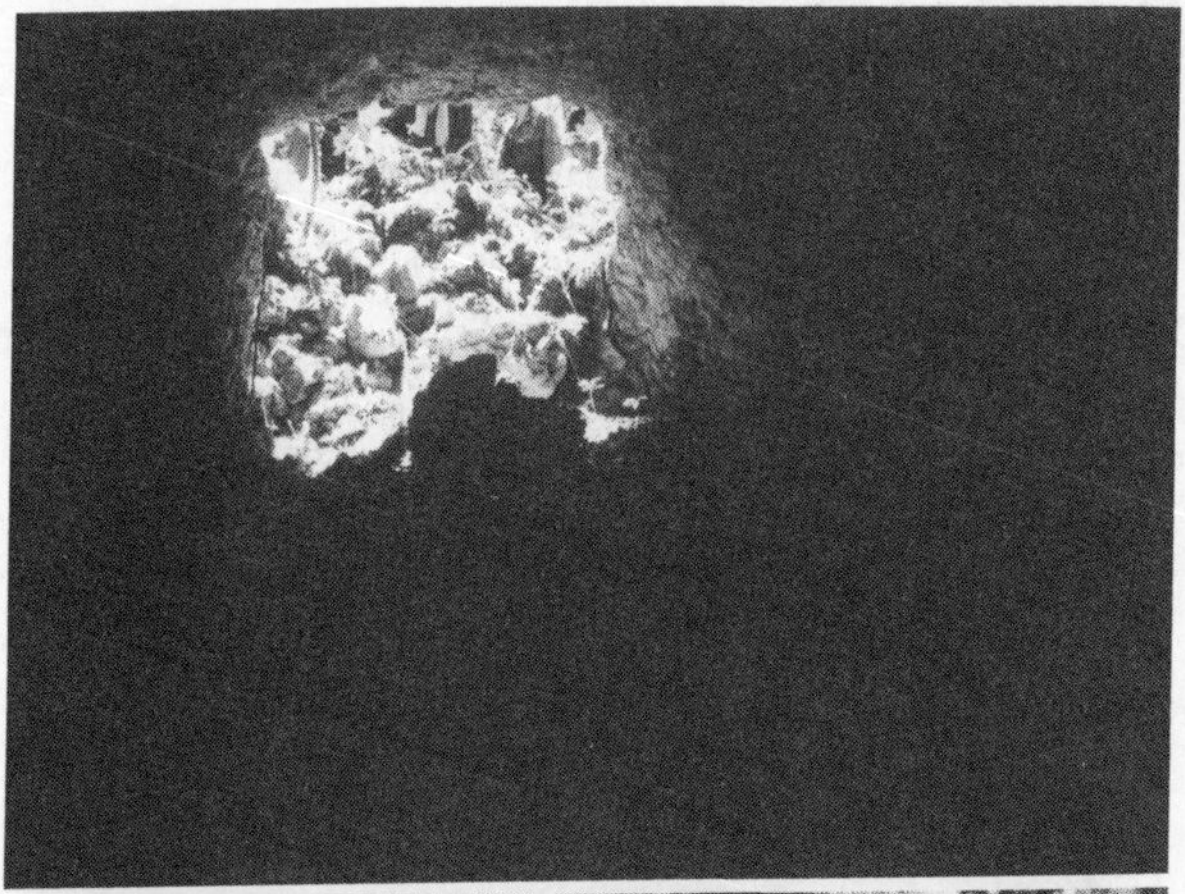

上：〝死の谷〟の斜面に築かれた日本軍の複廓陣地の中から外を望む
下：山積みされた未使用弾が陣地の近傍に遺っていた

そんな砲陣地が点在するのが中西部の山岳地帯である。日本軍守備隊が米軍の侵入を許さず、米軍兵士から〝死の谷〟と呼ばれた最後の決戦の舞台「大山」には、いまでも鉄兜や水筒などがあたりに散乱しており、大東亜戦争がつい昨日のことのように思える。

そしてこの〝死の谷〟を挟みつけるように迫る斜面には、日本軍将兵が精魂込めてつくりあげた複廓陣地が数多く存在する。この複廓陣地の中には、いまも多くの日本軍将兵が白骨となって横たわっているのだ。

また、この一帯の山岳地帯での戦闘では、米軍も相当苦戦し、被害は大きかった。日本

《歩兵は数十mの断崖岩場をロープや梯子《はしご》を使って攻めなければならなかった。日本軍守備隊は高い絶好の隠蔽射点に籠り、下から登ってくる海兵隊を正確なライフル射撃術で狙撃、あるいは手榴弾を投擲してきた。最悪のポイントでは、横切ろうとする兵隊四人のうち平均二人は撃たれるデス・トラップもあったという》(『アメリカ海兵隊の太平洋上陸作戦〈中〉』)

そんな激戦地・大山の頂上には、ここを最後に制圧した米陸軍第三二三歩兵連隊の慰霊碑が建立されており、そこには〝LEST WE FORGET THOSE WHO〟(我々は戦死者を決して忘れない)の文字があった。このモニュメントのある頂上からはペリ

リュー島の全景を見渡すことができ、恐らく日本軍守備隊も戦況把握のために当時ここから眼下を見下ろしたことだろう。そして最後まで敵の侵入を許さなかった中川大佐の司令部壕はこの大山山頂附近にあった。

険しい山道を歩き続け、ときに苔むす岩に足を滑らせ、また、長く伸びたツタを頼りに急斜面を上り下りして約一時間、切りたった岩場の間に村井少将と中川大佐が自決を遂げた最後の司令部壕がある。

大きく開いた壕の入り口奥には広い空間があるが、司令部はその右側下方に掘られた奥行一〇メートルほどの空間に設けられている。

私は、この司令部壕に続く穴に、持参した靖国神社の神酒を注ぎ、「ありがとうございました！」と大きな声で呼びかけた。そして両手を合わせてペリリュー守備隊長・中川州男大佐をはじめ、この壕内で自決を遂げた司令部要員の鎮魂を祈ったのである。最後に壕の入り口附近で、この慰霊の旅を共にしてきた同志たちと司令部に届くよう国歌『君が代』と『海ゆかば』を奉じ、感謝と鎮魂の誠を捧げたのだった。

《しかし、まだ日本人としての戦いは終わっていない。その戦いを命令する！》

中川大佐の最期の言葉が脳裏を過った。

「了解しました！　必ず任務を完遂します！　後はお任せください！」

心の中で叫んだ私の言葉は、果たして連隊長殿に届いたであろうか。

ご遺骨は、まるで母の腕に帰った子供のように

平成十一年九月十五日（米軍上陸記念日）に催される慰霊祭のためアメリカから
やってきた元海兵隊員らの先導で、東條英機陸軍大将（第四〇代内閣総理大臣）の
孫・東條由布子氏（二〇一三年〈平成二十五〉、逝去）を団長とする遺骨収集団は、
日本軍最後の抵抗拠点「大山」の山中に隊列を組んだ。

折り重なる熱帯雨林の隙間から幾条もの陽の光が差し込み、地表に生える深緑に生命を注ぐ。

私は滴り落ちる汗を拭いながら、ひたすら険しいジャングルの中を進んだ。

密林には半世紀前の不発弾が散乱し、獣道に転がる鉄兜は敵弾に射貫かれた穴が痛々しい。

貫通痕は飯盒《はんごう》にもまた小さな水筒にも容赦はなかった。

先人たちはこの地で、かくも激しい戦闘に生命を捧げたのか、おもむろに拾いあげ

た水筒を元の場所に戻して軽く頭を垂れた。

いたるところに散乱する遺品、撃墜された米軍機の残骸、将兵たちが腰に下げていたであろう防毒マスク、そして地面に突き刺さったままの艦砲弾……。

〝大東亜戦争〟がいま私の目の前にあった。

そしてしばらくジャングルを進んだころ、隊列の前方から聞こえた壕発見の一報に私は急な斜面を駆け上がったのである。

するとそこには直径一メートルほどの壕が口を開けていた。

壕の入り口には撃破された速射砲が無惨な姿をさらし、苔に覆われた未使用弾

鉄兜。痛々しい貫通痕が胸を衝く

が山積みされている。

団員として遺骨収集に参加した朝峯神社（高知）の宮司・野村尊應氏、そして団長を務める東條由布子氏と共に私は壕の中に足を踏み入れた。しかし、大人が腰をかがめてやっと入れるぐらいの複廓陣地の中は、想像を絶する危険な空間でもある。散乱する不発弾がひとたび起爆すれば命はない。大東亜戦争中の代物とはいえ、爆薬はいまでも活きているのだ。唾を飲み込み、転がる手榴弾を避けて壕の奥に進む。

するとそのとき、懐中電灯の明かりの先に白い塊が浮かんだ。

ハッと息をのみ、再度照らし出された壕の奥に視線を送ると、私の眼球が人間の頭蓋骨を捉えた。

一瞬のうちに時間が止まり、鼓膜はあらゆる下界の雑音を遮断した。

なんということだ！

震える下唇から嗚咽を漏らした私は、ひざを落として涙にくれた。

戦火が止んで半世紀、祖国のために戦い、そして散華した将兵の遺骨が、いまもこの暗い戦闘壕の中に放置されていたのだ。草むす屍となった将兵たちは、この暗い壕の中でただひたすら祖国の弥栄《いやさか》を祈り続けてくれたのである。

私は唯々申し訳なかった。

大山山中の複廓陣地で散華した兵士の遺骨。シャベルには「宮田」さんの名がはっきりと見える

「ご苦労さまでした……ただいまお迎えに上がりました……」

遺骨についた土をそっと払いながら言葉を添えた。

どこからともなく聞こえてくる『海ゆかば』。

この地に散華された英霊の皆さま、本当にありがとうございました。そしてご苦労さまでした。

大粒の涙が抱き上げる遺骨に落ちた。

そこにはシャベルを墓標に三名の兵士が横たわっていた。

そのうちの一つには「宮田」と白い文字がはっきり見える。頭蓋骨が悲しげな表情でこちらを見つめていた。

私は〝宮田さん〟に駆け寄った。

「長い間、ご苦労さまでした……」

神職である野村氏が塩と米で鎮魂の清めを行ない、そして私は内地から持参した恩賜の煙草に火を点けて傍《そば》に供えた。すると英霊の御霊が靖国の

日本軍の機銃のかたわらで咲き誇るハイビスカス

社へ帰ってゆくかのように、紫色の煙が真っ直ぐ立ち昇った。

筆舌に尽くしがたい辛苦と、身は裂けると も砕けることのなかった彼らの雄々しき忠義に、いかなる感謝の誠を捧げればよいのか。戦端が開かれて半世紀以上、将兵たちはたとえ白骨の身になろうとも暗い洞窟陣地で戦い続けていたのだった。

足の骨を収めたままの朽ちた軍靴、ずっしりと重い大腿骨、治療痕もない健康な歯並びの下顎《したあご》……我々は無心に遺骨を拾い集めた。

「私たちは、いま〝神様〟を手にしているのですよ……」

野村氏の言葉は、暗い戦闘壕内に一陣の神聖な風を呼び込んだ。

「ごめんなさいね……皆さん一緒に祖国に帰

りましょうね……帰りましょうね……」

東條由布子氏が遺骨を胸に抱きしめて涙にくれる。その光景は無条件に周囲の涙を誘った。

彼女は〝大東亜戦争〟を一身に背負わんとしていたのである。

しかし、そんなことがあってはならない。かつて日本国民は挙げて出征兵士を歓呼の声で送り出したのではなかったか。東條氏のその姿に、私はかの〝極東国際軍事裁判〟なる「復讐裁判」に対する怒りがこみあげてくるのだった。

次々と救出される遺骨は、壕の外で待機する遺骨収集団員に手渡されてゆく。ある者は嗚咽を漏らし、またある者は遺骨を前に一心に合掌した。そして若い学生らは驚きの眼をもって「勇士たち」を両腕に抱いた。

そうした中、靖国神社に奉職する神屋菜摘《かみやなつめ》女氏に抱きかかえられた遺骨は、その頭蓋骨を彼女の胸元に埋めて安らかな表情を浮かべていた。

「井上さん……見てください、神屋さんに抱かれるご遺骨は母親の胸に抱かれる赤ん坊のようです。きっと……きっと……」

野村氏は声をつまらせた。

彼女に抱かれた遺骨は、まるで母の腕に帰った子供のようであった。

怨敵必滅の信念に燃え、敵に神弾の雨を降らせたこの勇士は、いま祖国のおみなえしの胸で安らかに眠る。きっとこのとき、その御霊は靖国の杜へ帰っていったことだろう。

「主人を先に帰すことはできません」

日本軍が最後まで奮戦したこの大山山中には、いまでも複廓陣地の中におびただしい数の日本軍将兵が眠っており、その数は五〇〇〇柱にのぼるものと見られている。我々を先導してくれたアンダーウッド氏は、私費を投じてペリリュー島を歩き回り、戦史に残る名勝負〝ペリリュー戦〟の全容把握に努めてきたという。そして中川大佐が自決を遂げた司令部壕を探し当てたのだった。そんなアンダーウッド氏は私にあることを小声で教えてくれた。

実はアンダーウッド氏らは中川大佐のご遺体を司令部壕内に発見し、家族の元に送り返そうとして熊本に暮らす三枝夫人に連絡したというのだ。

ところが中川夫人は、その受け取りを拒否したという。その理由は、

「いまだ多くの部下のご遺骨がペリリュー島から日本に帰れないのに、主人を先に帰すことはできません」

というものだった。

したがって中川大佐は、まだあの大山の司令部壕の中で遠い祖国の繁栄と平和を願って軍服姿のまま眠り続けているのだ。

中川大佐はペリリュー島への赴任が決まったとき、三枝夫人に夏服と冬服の準備をお願いしたという。これに首を傾げた夫人が今度の赴任先を尋ねたところ中川大佐はひと言、こう答えたのだった。

「エイゴウ演習さ」

〝エイゴウ〟つまり「永劫」という意味だったのだ。

このとき、中川大佐は死を覚悟し、死して護国の鬼とならんことを決意していたのである。そして戦死後、二階級特進して中川州男中将となったいまも暗い司令部壕の中で、その言葉どおり永劫に戦い続けてくれているのだ。我ら後世に生きる日本国

元海兵隊員エド・アンダーウッド氏

民のために！

平成二十六年九月、安倍首相は、ガダルカナル島で収骨された戦没者のご遺骨を海上自衛隊の練習艦隊で帰還させたが、どうかペリリューでも同様のご遺骨帰還事業を進めていただきたい。

空も海もすべてがオレンジ色に染まるとき

ピタリと波が止んだ海面は、鏡となって日没迫る夕焼け空を映していた。空も海もすべてがオレンジ色に染まり、まるで宇宙の星雲の中にいるようだ。大自然の偉大さを痛感させられるこの日没の大パノラマは、いかなる形容詞をも寄せつけない。

外洋から寄せ来る波はリーフで止められ、リーフから海岸までは海面がピタリと制止する。そうなると海岸が怖いほどの静寂に包まれるのだ。完全に凪《な》いだ海面に跳ねる小魚は、静まりかえった海岸の唯一の生命であるかのようにも思えるほどだった。

大山の遺骨収集を終えた私は、コテージの裏の海岸を一人歩いた。

かつて、この島で祖国のために生命をかけて戦った先人たちを思ってただ歩いた。

そして遺骨を拾いあげた手のひらを眺めて力いっぱいの拳をつくった。と、そのとき、一〇〇メートルほど離れた砂浜に、日没の海をじっと眺める一人の白人男性がいた。

しばらくして彼も私の存在に気づくと、こちらに向かって軽く手を上げた。

近づいてみると、日中に我々と共に大山を歩いたアメリカ人のカメラマンだった。

彼は、ダン・ウォルデラと名乗った。

握手しながらお互いの名前を交換しあったものの、次の言葉がなかなか切り出せない。

彼も私が日本人であることを意識し、私もまた彼がアメリカ人であることを意識していたからだった。

「美しい景色だね……私は日没の絶好のタイミングを狙っているんだよ」

撮り終わったフィルムをかざしながら笑顔で話し始めたウォルデラ氏。

なぜだか私はホッとした。

彼は夕陽に染まる海を見つめてつぶやいた。

「……五〇年前も夕陽がきれいだったんでしょうね……」

そして彼の次の言葉は、私を真剣な表情へと急変させた。

「私の父は一九四四年に戦死したんです……このペリリューで。陸軍第八一師団でし

た」

私はなんと応えてよいかわからなかった。

「そうですか……」

遺族を前に私は多くを語るべきではないと悟り、以後の言葉をウォルデラ氏に譲った。

「ところでミスター・イノウエ、今日の遺骨収集団の中にジェネラル・トージョーの孫娘さんがいらっしゃったとは知りませんでした……」

アメリカ側慰霊団にそのことがすでに知れ渡っていることに驚き、私は無言で頷いた。

彼は続けた。

「なんという勇気だろうか……私は彼女に深い敬意を表したい。どうか、彼女にそう伝えていただけないだろうか……」

胸に手を当て、心からの敬意を表すその姿勢に感動した私は彼に握手を求めた。

「もちろんです、もちろんですとも!」

いまは亡き父親が上陸した砂浜に立ったダン・ウォルデラ氏。

彼は、再び夕陽に向かって何かを語りかけていた。

――その後、ダン・ウォルデラ氏とアンダーウッド氏とはペリリュー戦六十周年の式典ではお目にかかったが、平成二十六年に催された七十周年の式典会場にその姿はなかった。

彼らは元気に過ごしているだろうか……。

〝前線〟と〝銃後〟が同居する南海の孤島

「財産はありませんが、この身一つでペリリューに行って主人を捜そうと思いました……」そう語ってくれたのは、宮城県からやってきた八十二歳（当時）の安彦安子さんだった。

ラバウル、トラック、ペリリューと激戦地を転戦したご主人が、飛行場附近の戦闘で戦死したことをつきとめた安彦さんは、亡き夫の遺骨をなんとか探し出そうとこれまで何度もペリリュー島にやってきた。そして彼女は、六〇年代に最初の遺骨収集団に参加して以来、三カ月ごとに日本とパラオを単身で往復し、島内に散らばる遺骨を拾い集めてきたというのだ。

夫の面影を瞼《まぶた》の裏側に浮かべながら、土にまみれた遺骨を拾いあげていると、その一つひとつの遺骨がご主人に思えて涙があふれてきたという。

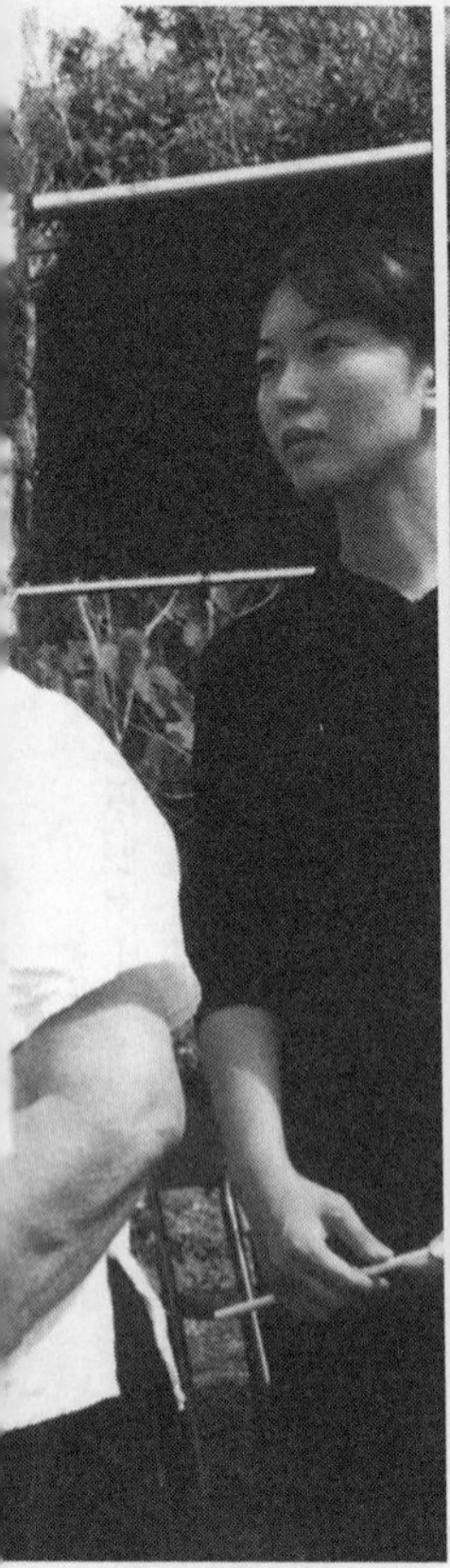

上：ペリリュー神社での戦没者慰霊祭で、東條由布子氏に敬意を払い握手を求めてきた米第一海兵師団の元海兵隊員
下：米軍側慰霊祭での献花を申し出た東條由布子氏を、元海兵隊員たちは最大限の敬意をもって歓迎した

ダン・ウォルデラ氏、池田良美氏、安彦安子氏、池田恵美氏(左から)

そして頬を伝う涙が、拾いあげる遺骨に落ちると、安彦さんは遺骨に語りかけるのだった。

「これはジャングルの滴ではありませんよ……私の涙ですよ……」

ところがそんな彼女の献身的な遺骨収集作業の前に、思わぬ障害が現れた。

それは日本の厚生省（現・厚生労働省）。遺骨収集を管轄するはずの厚生省の妨害によって、その後の遺骨収集を一時断念せざるをえない状況に追い込まれたこともあったというのだ。

そこには厚生省（当時）のお粗末な遺骨収集行政の実態があった。

これまで厚生省は、南方の島々における遺骨収集を実施してきたものの、大腿骨など一本で〝一人〟と数えていたらしい。こんな数え方では、収集した遺骨が二一〇万本に達した段階で遺骨収集は完了したことになるではないか。

もっとも四肢散々となった遺骨を深い密林の中で探し出すのは決して容易なことではない。

したがって粗略のひと言で片付けるにはいささか気の毒ではあるが、このペリリュー島でさえ、いまだ五〇〇〇柱の遺骨が回収されぬまま壕の中で眠り続けている現実を直視していただきたい。そして日本国政府が責任をもってこうした遺骨の収集作業に尽力すべきであろうことは、ここに改めて行を割くまでもなかろう。

「母は、今回で最後だろうと思います」

そう口にしたのは、安彦さんの一人娘・池田良美さんだった。

重病と高齢が安彦さんの渡航に立ちはだかっていたのだ。

戦死した父親は、良美さんの産まれる七カ月前に出征されているので、その面影は彼女の心の中にしかない。ただ、亡き父が命名した「良美」という名前だけが、一本の細い糸のような親子の〝実感〟だった。彼女は、父親がこの世に生きた証を求めてペリリューにやってきた。そしてこの小さな南方の島で、これまで目にしたこともない父親の姿を心の中に見るのだった。

南海の孤島ペリリューには〝前線〟と〝銃後〟が同居していたのである。

目を真っ赤にしながら語る池田良美氏の傍で、黙って聞き入るのは娘の恵美さん。

祖母と母に連れられてやってきた彼女はまだあどけなさが残る二十三歳（当時）だった。そんな彼女は、祖父が好きだった尺八をこの島で演奏するため日夜練習を積んできたのだという。

むろん祖父を見たこともなく、またその腕に抱かれたこともない彼女は、日本の音色を通して祖父の温もりに触れようとしていたのである。

勇敢に戦った亡き父の写真

ペリリュー戦の火蓋が切って落とされた日から数えて五十五年目の平成十一年（一九九九）九月十五日、日章旗はためく「ペリリュー神社」で戦没者慰霊祭が執り行なわれた。

浄衣に身を包んだ野村氏と岡田博親氏（高知県・賀茂神社・禰宜《ねぎ》）が、神妙な面持ちで祝詞を奏上し、あたりは粛然とした雰囲気に包まれた。

野鳥はさえずりを控え、草に鳴く虫も遠慮がちに低唱するかのようであった。そして気ままな潮風も秩序ある涼風となって紙垂《しで》を揺らしたのである。

厳粛な鎮魂の祝詞は島中に響き、いまだ草むす屍となりし英霊にも届いたことだろう。

この慰霊祭には、大山の遺骨収集作業に協力してくれた元海兵隊員たちも臨席し、彼らは姿勢を正して進行を見守っていた。

そして参列者による玉串奉奠《たまぐしほうてん》の案内が告げられた。

そのとき、どこからともなく『さくらさくら』の旋律が聞こえてきた。

この島で祖父を亡くした池田恵美さんによる鎮魂の尺八演奏だった。

太く乾いた音色がペリリュー神社を包み、参列者はその美しい旋律に聞き入った。むろん、「サクラ・サクラ」の電文と共に栄光の歴史に幕を閉じた水戸第二連隊をはじめこの島で散華した全陸海軍将兵の耳にも届いたはずである。次々と演奏される祖国のメロディーは、この島で散華した全将兵の御霊を鎮めたことだろう。

「おじいちゃん、おじいちゃん聞こえますか……」

彼女が心で語りかけたその言の葉は、参列者の胸を打った。

それは、玉串を手に瞼を拭う皆の姿に明らかだった。ある者はこの地に斃れた肉親を思って肩を震わせ、またある者は最期まで勇敢に戦い抜いた兵士たちを脳裏に描いて瞼を閉じた。

その孫が、面影もない祖父へ捧げた日本の調べの数々はきっと天に届いたことだろう。

式典に参列した元海兵隊員らも玉串を捧げ、そして神殿に挙手の礼を投げた。

かつての敵も、いまは友。かくも勇敢に戦った日本軍将兵に対する敬意は半世紀を経ても尚、彼らの心に朽ちることはない。

上：ペリリュー神社での日本側戦没者慰霊祭に参加し、挙手の礼を捧げる
元海兵隊員
下：祖父が好きだった尺八を演奏する池田恵美氏

父の写真に見入る池田良美氏とダン・ウォルデラ氏。この地に散った日米将兵の子供たちは抱きあって涙した

そして彼らはまた、同日ブラッディーリッジで執り行なわれた米軍側慰霊祭に献花を申し出た東條由布子氏にいたく感動し、最大限の敬意を込めて彼女を歓迎した。さらに遺骨収集団に参加されていた山口多聞提督の子息・山口宗敏氏が米軍慰霊碑に捧げた挙手の礼に、提督をこよなく崇敬する元米兵たちは感激したのである。

そして、この島で父親を亡くした池田良美氏とダン・ウォルデラ氏は抱きあって泣いた。

二人はきっとセピア色の写真でしか見たこともなかった亡き父の体温をここペリリューではじめて感じたことだろう。共に勇敢に戦い、そしてこの島に果てた二人の父は、その遺伝子に次代の友好を託したのである。

池田さんに生前の父の写真を笑顔で見せるウォルデラ氏。そしてウォルデラ氏に肩を抱かれた池田さんもまた口元を緩ませた。旧知の友のように笑顔を交わす二人の間で何かが終わり、そして新しく何かが始まっていた。

戦争は悲劇であり、これを望む者はない。

しかし、父母兄弟、妻や子をそして祖国を護らんと戦陣に散っていった幾百万の将兵たちが、至純の愛をもって戦ってくれたことを忘れてはならない。

パラオ挺身隊の分隊長を務めたイナボ・イナボ氏は、前出『天翔る青春—日本を愛した勇士たち』でこう訴える。

《日本の兵隊が、「イナボさん、いずれ戦争が終わって平和になるから、その時は靖国神社に会いに来てください」と言ったのです。私はそのことを忘れずにおりました。戦争が終わって三十年くらいたって靖国神社に行きました。それから私は日本に行くたびに靖国神社にお参りに行きます。

ところがパラオに帰ってから、総理大臣が靖国神社にお参りに行かないということを雑誌で見たんです。それから日本人の中に自分の国のために死んだ人々を尊敬していない人がいることを知りました。これは考え直すべきですよ。自分の国のために命を捧げた……命はたくさんあるんじゃないんですよ。たった一つですよ。せめて心の中でいいから靖国神社の英霊に手を合わすべきですよ》

そして、いまは亡きイナボ氏はこう遺している。

《英霊がいてこそ日本の国があるんですよ！　経済があって日本の国があるんじゃないんですよ！》

世界でもっとも素晴らしい二つの国への誇り

ペリリュー島の桟橋からパラオ共和国の首都（当時。現在はバベルダオブ島のマル

旭日旗を手にするパラオの少女の笑顔、そしてどこまでも
美しい南国の海と空

キョク）が置かれたコロール島を目指してボートはひた走る。

ペリリューにやってくるときには気にも留めなかったリーフの浅瀬に眼を凝らしてつぶやいた。

「この海を渡っていったのか……」

昭和十九年九月二十三日、飯田義栄少佐率いる高崎第一五連隊第二大隊は、ペリリューに逆上陸を敢行する。ところが米軍の警戒網に捕捉され、兵力の三分の二を損失する大打撃を被り、中川大佐が陣取る司令部壕に辿りついた者は、わずか二〇〇名にすぎなかったという。

一方、ペリリュー守備隊の司令部は、これ以上の援軍派遣は、ただいたずらに兵を失うだけだと考え、このことを本島の司令部に伝達すべく泳ぎの得意な者一七人を選抜し、数十キロ離れたパラオ本島に差し向けた。しかしその途中、米軍機に遭遇するなどしてパラオ本島に泳ぎ着いた者はわずかに四人だった。

私の行く海の道は、まさしく水上伝令一七人が決死の覚悟で泳いだ水路であり、またこの海域は、海軍水上特攻隊が米艦船に壮烈な体当たり攻撃を敢行した海の決戦場でもあった。

遠くには座礁したまま無惨な姿をさらす輸送船が見える。米海軍の船だろうか。

また、ゼロスポットと呼ばれる場所には、日本海軍の零戦が浅瀬に海没しており、引き潮になれば垂直尾翼が海面に姿を現す。

さらに近年ではロック・アイランドの島の一つで、艦上爆撃機「彗星」が発見され、多くの遺品とともに乗員の遺骨も収容されたという。

陸に、海に、空に、半世紀以上前のこの地域では壮絶な死闘が繰り広げられていたのである。

そんな水路を北上して私が向かったのは、コロール島の大統領官邸だった。

そして出迎えてくれたのは、パラオ共和国大統領クニオ・ナカムラ氏（当時）だった。

ソファーに深く体を沈めたナカムラ大統領はこう切り出した。

「私にとって日本は親愛な国なのです。……もし、パラオ以外の国を選ぶとしたら〝日本〟です。私の父は純粋な日本人であり、私の身体にも日本人の血が流れています。それは誰にも変えることはできません。私はそのように生まれたことを幸せに思っています……」

大統領は続けた。

「私は、世界で一番素晴らしい国にBelongしています。……Tow of the best country

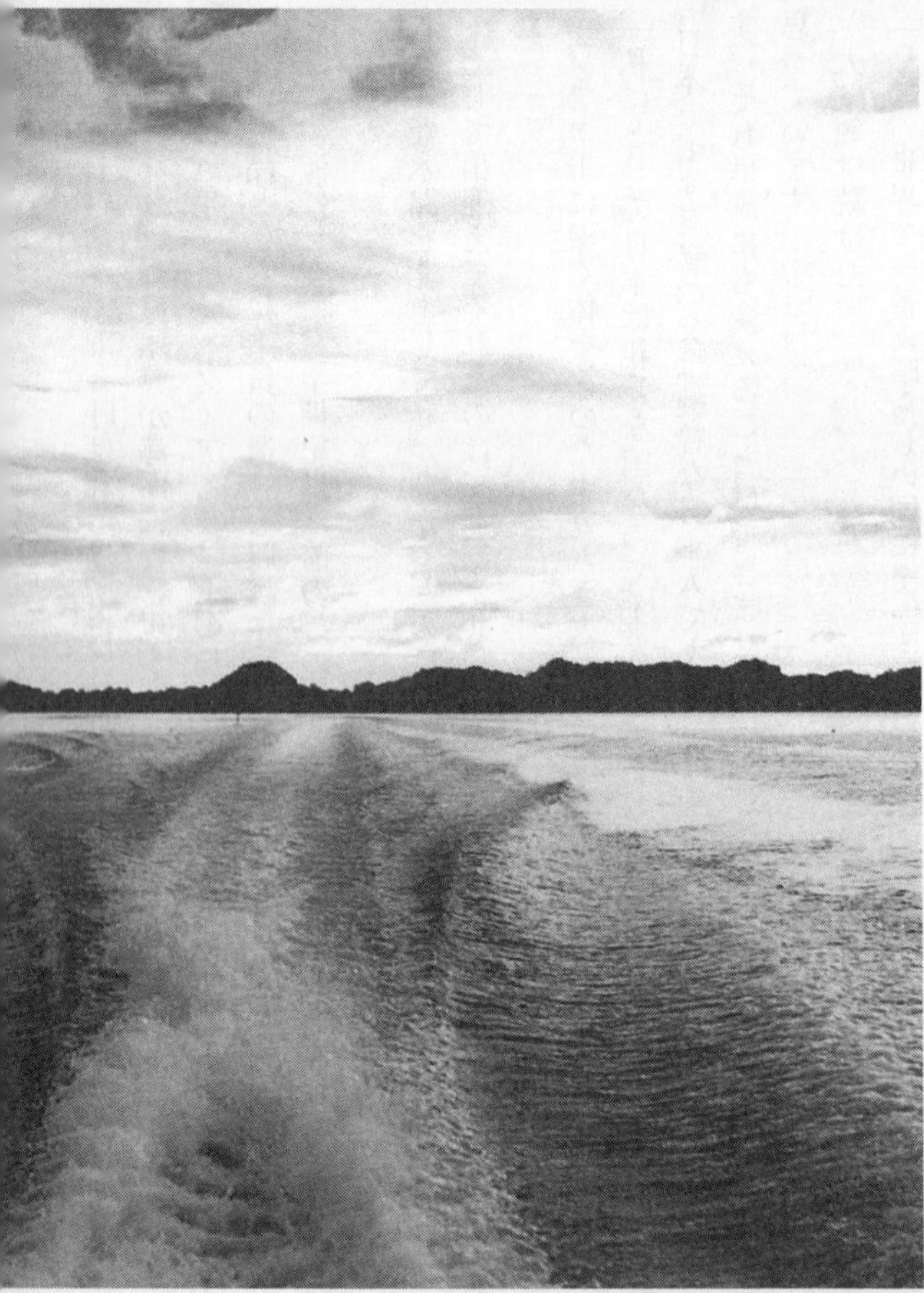

ペリリュー遠望・かつて１７名の水上伝令が決死の覚悟で
この数十キロを泳いで渡った

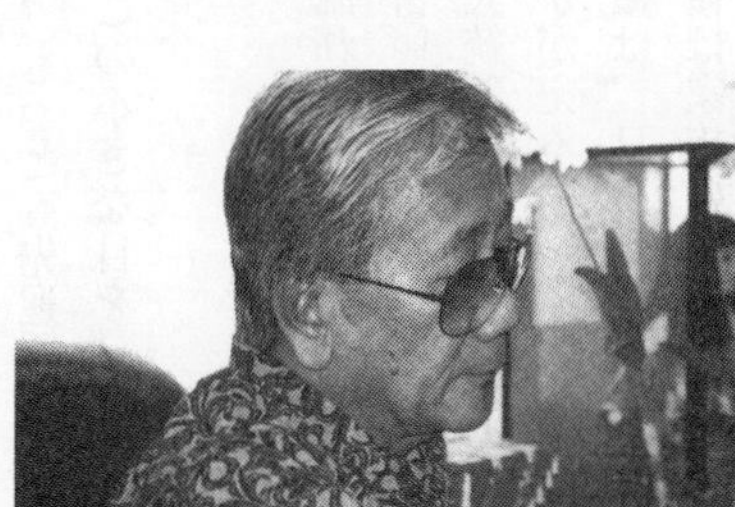

上：クニオ・ナカムラ大統領
下：家族の写真を指し示すナカムラ大統領

in the world……世界でも、もっとも先進国である日本と、世界でもっとも平和で開発途上の国パラオ……私のこの小さな目を見てください、これは日本人の目でしょ？」と言って笑みをこぼした。

私は大統領に尋ねた。

「大統領は日本人の血が流れていることに誇りをおもちなのですね」

ナカムラ大統領は私が言い終わらぬうちに「イエス」と放った。

この会見が行なわれた大統領官邸の執務室には日本の伝統工芸品や人形などが並べられ、彼の親日ぶりがうかがえる。

クニオ・ナカムラ大統領は、日本人の父親とペリリュー出身の母親の間に生まれた八人兄弟の七番目。大統領は家族の写真を指し示しながら兄弟を私に紹介してくれた。

面白いことにナカムラ大統領の名前が「クニオ」で、すぐ上の兄の名前が「マモル」というそうである。つまり、二人合わせて「国を守る」（クニオマモル）なのである。

そんな歓談もそこそこに、私はメモ帳に折り目をつけて政治論の口火を切った。

「では大統領、まず我が国に期待されることを、おうかがいしたいのですが？」

ソファーに深く腰を掛け直した大統領は真剣な表情で両国関係を展望する。

「日本とパラオ両国の関係はとても良好です。そして今後さらに発展してゆくことでしょう。我々はこれを育成（Nurture）してゆかねばなりません……夫婦関係と同じです。しかしパラオは独立して五年です（※一九九四年に米国の国連信託統治から独立）。人間でいえばまだ歩き始めたばかりです。だから継続的な日本の経済援助が必要なのです」

そして大統領は続けた。

「同時に私たちも日本にお返しをしなければならないと考えています。独立国としてただ貰うだけではいけません。それは我々のヴィジョンなのですが、なにか貢献しなければならないと考えています。Relationship というのは Give and Take でなければなりません。結婚も同じでしょう」

大統領は、その座右の銘「人生では感謝の意を示すことは非常に大切である」を何度も繰り返した後、次のように語った。

「我々は、日本の国連における立場や、日本の国際組織への貢献、あるいは、さまざまなプロジェクトを支持してゆきます。日本が支援を必要とするなら、いつでも日本の立場を支持してゆきます」

中国に聞かせてやりたい話である。

一四億の人口を抱える大国の〝一票〟も数万人の独立国家の〝一票〟も、国際社会では同じ〝一票〟に変わりはない。三兆円もの膨大な日本からのＯＤＡに対して何のありがたみも感じない「大国」と、それに比べれば微々たる額の日本の経済援助にも感謝の気持ちを忘れず、さらに日本の国際的立場を擁護してくれる「小国」。何かが間違っているように思うのは、決して私だけではないだろう。

後日、大統領補佐官が私に語ってくれたところによると、日本の核燃料輸送船が太平洋を通過する問題が持ちあがったときも、ナカムラ大統領は日本支援の立場から周辺各国に働きかけ、そのおかげで他の国々はこれを了承してくれたとのことだった。親日元首・ナカムラ大統領のこうした影の力が、現在の日本経済を支えていた事実を知っておく必要があろう。

太平洋地域における日本の政治的リーダーシップの必要性、また日本の国連常任理事国入りについても肯定の姿勢を表明してくれたナカムラ大統領は、このインタヴューの最後を次のように締めくくった。

「我々は、次の世代もまた現在のような良好な両国関係であり続けてゆくようにする大きな責任があるのです」

第❹章 もう一つの激戦の島—アンガウル

一二〇〇人VS二万一〇〇〇人

パラオにはもう一つの激戦の島がある。

アンガウル島だ。

古くドイツ統治時代からこの島ではリン鉱石の採掘が盛んに行なわれており、これを引き継いだ日本統治時代も、多くの日本人が移住してその仕事に従事した。そのため、この小さな島にも学校や病院が建てられ、また地元子弟のための公学校も設置されたのである。

現在の人口は約一七〇人。面白いことにアンガウル州の公用語を定めた州憲法第一二条一項では、パラオ語、英語に加えてなんと日本語が公用語として定められおり、かつてこの島に遺骨収集に行った筆者の知人などは、島民から日本軍歌で大歓迎を受けたという話を聞かされたことがある。

そんなアンガウル島が、大東亜戦争で米軍の戦略目標の一つとなり、日米両軍の激しい戦場となったのだ。

米軍の目的は、この平坦な島に爆撃機用の大きな飛行場を造ることであり、そのためペリリュー戦が始まった二日後に、ポール・ミューラー少将率いる二万一〇〇〇人の米陸軍第八一歩兵師団「ワイルドキャット」がアンガウル島に上陸を開始したのである。

これを迎え撃ったのは、後藤丑雄少佐（戦死後、二階級特進にて大佐）率いる陸軍第一四師団の歩兵第五九連隊第一大隊の精鋭一二〇〇人だった。

その戦力差は実に一八倍、まして制海権・制空権をもたない日本軍守備隊の劣勢は誰の目にも明らかだった。兵力差はいうにおよばず、火力も日本軍は野砲四門と迫撃砲四門のみで、圧倒的火力を有する米軍と比較するまでもなかった。

米軍は、砲兵四個大隊（一〇五ミリ砲、一五五ミリ砲合わせて四八門）、M４シャーマン戦車五〇両、歩兵六個大隊、艦砲射撃を担当する艦艇一五隻（戦艦一隻、重巡洋艦二隻、軽巡洋艦二隻、駆逐艦一〇隻）、これに加えて夥《おびただ》しい数の航空機を送り込んできたのである。

だが、それでも一二〇〇人のアンガウル守備隊は我に一八倍の敵を相手によく戦い、十月十九日に後藤少佐が戦死するまでに、敵になんと約二六〇〇人もの戦死傷を強いたのだった。

昭和十九年九月十一日、米軍は、戦艦「テネシー」を中心とする艦隊の艦砲射撃と空母艦載機による激しい空爆を実施し、島の地上目標をことごとく粉砕した。もちろん一〇キロ先のペリリュー島も同じ状況であることはアンガウル島からもよく観測できたが、九月十五日に米軍がペリリュー島に上陸を開始すると、後藤少佐以下守備隊の誰もがこの島にも敵の来寇が近いことを予測したに違いない。

そして迎えた九月十七日午前五時三〇分、米軍はアンガウル島に対して猛烈な艦砲射撃と空爆を開始し、同時に、西方海上で上陸準備を始めたのだった。そのため後藤少佐は、敵上陸は西港附近とみて、島の中央部に布陣していた島武中尉の第三中隊を急行させた。ところが、実はこれは西港附近の海岸に上陸すると見せかけた陽動作戦だった。

八時一〇分ごろ、米陸軍第八一師団は島の北に位置する東北港の海岸（レッド・ビーチ）と東に位置する東港の海岸（ブルー・ビーチ）に上陸を開始したのである。

アンガウル島で撃破されたM４シャーマン戦車の内部から空を仰ぐ

実はこの陸軍歩兵師団は、この戦いを前に、ニューギニアやハワイで特別上陸訓練を受け、陸軍歩兵師団でありながら海兵隊に優るとも劣らぬ上陸戦闘技術を習得していたのだった。

その上陸戦闘では、あらかじめ敷設しておいた地雷によって敵の車両は吹き飛び、水際における日本軍守備隊の激しい抵抗で米軍は大きな被害を受けたのだった。しかし戦車を伴う強力な敵の上陸部隊は、日本軍守備隊の水際陣地を突破して、どんどん橋頭堡《きょうとうほ》を広げていったのである。

戦力差・火力差はいかんともしがたいものがあった。そこで後藤少佐は水際撃滅を断念し、島の北西部に点在する自然洞窟にたて籠もって戦う持久戦を命じたのである。

それから一カ月間、この洞窟陣地を中心に日本軍守備隊は米上陸部隊と壮絶な戦いを繰り広げるのだった。

第一中隊で擲弾筒《てきだんとう》の射手を務めた舩坂弘軍曹は、生々しい戦闘の模様を記録した『英霊の絶叫』（光人社NF文庫）の中でこう綴っている。

《雲霞のごとく押しよせる敵に対して、われわれは撃った。ただ必死に連続発射するだけである。私は擲弾筒を松島上等兵とともに撃ちつづけた。轟音ひびき硝煙たちこめるなかで、高地から撃ちおろす弾着の光景が手にとるようにわかる。

「オオ、ノー！」

と叫ぶ彼らの声さえわかるような気がする。敵は倒れ、逃げ、隠れようとし、走りつつ応戦している。私の擲弾筒も撃ち続けるうちに筒身が焦げてしまったので、椰子の木の葉を幾重にも巻きつけて、熱のために膨張した筒身を押さえつけて撃つ有様である。左脚の重傷、そんなことはもう忘れていた。一時は洪水のごとく押しよせた敵も、われわれの一斉射撃を浴びて釘づけとなり、逃げ場を失った。だが、敵の全滅を考えて喜んでいたとき、島も割れんばかりの艦砲、野砲の攻撃が始まり、その間、約二十分は私たらも頭をひっこめているしかなかった。攻撃の音がしずまって前方を見ると、敵はあちこちに死体を遺して姿を消していた。退却していったのである》

日本軍の夜襲に震え上がった米軍兵士たち

こうした戦闘が各地で繰り広げられ、日本軍守備隊は絶望的な劣勢にありながら、敵に甚大な損害を与えたのである。そしてアンガウル守備隊の攻撃では、ペリリュー守備隊と同じく、「斬り込み」や闇夜に乗じて襲撃を行なう「夜襲」が多用された。

なかでも第三中隊の島中尉の斬り込みは敵を震え上がらせた。

じりじりと匍匐《ほふく》前進で敵陣に近づき、味方の援護射撃に続いて、島中隊の隊員たち

撃破された米軍の先頭車輌のものであろうか。アンガウルの浜辺で波に洗われていた

は携行弾薬をすべて敵陣に撃ち込むと、島中尉の号令を待った。

《ときに午前五時十分、島隊長は、

「行くぞ。男子の本懐、面目を果たすときだ。靖国神社で会おう！」

と一言、

「突撃！　進め！」

との号令のもとに、全員が群がる敵兵に白刃をかざして一団となってとび込んだ。駭《おどろ》いたのは米軍である。腰を抜かして動けない者、逃げまどう者、水際に浮かんでいる舟艇にとび乗る者、舟艇の重機を発射しようとする者……。隊員は阿修羅のごとく敵兵を刺し、叩き斬り、獅子奮迅の働きであった。（中略）

当時の斬り込みや肉弾攻撃は、血気にはやっての単純な行動ではなかった。戦況から判断して最善の道を選んだ行動であった。漫然と死ぬより思い切って敵のただ中に突入して、白兵戦の末に死ぬ。――それは追いつめられた守備隊の最期の死に花であった》（『英霊の絶叫』）

この島中隊の斬り込みを受けた米軍はどうであったか。

《また、米軍にとってこれほどの恐怖はなかった。島中隊の戦闘について、米軍公刊戦史には、「東港海岸堡南翼を守備した米第三二一歩兵連隊第一大隊のB中隊は、島隊の反撃のため死傷者続出し、同大隊長とその幕僚は重傷を受けて後送され、代わったG中隊も反撃を受けて海岸線まで後退した。これがため、十八日の海岸堡からの攻撃前進は九時予定のところ、二時間も遅れて十一時になった」

と記されている》（『英霊の絶叫』）

その戦果はたいへん大きく、米軍兵士は日本軍のこの夜襲に震え上がり、夜になると神経が昂《たか》ぶって眠れず、ある者は恐怖に震え続けたという。

米兵らは、闇夜にガサガサとうごめく陸蟹《がに》、コウモリを斬り込み隊と間違えて発砲するありさまだった。米軍公刊戦史にもこうある。

《蝙蝠《こうもり》及び大型陸蟹がいたく精神的衝撃を与えて日本軍を助け、米隊員は存在しない敵の侵入者に対し発砲し、全前線にわたって騒々しく精神的苦痛が絶えなかった》

（『英霊の絶叫』）

「どうかお願いします」の声に応えるために

米軍は、自然洞窟内に潜む日本軍守備隊の徹底抗戦に手を焼き、ついに一つずつ、しらみ潰しにしていった。

米軍は洞窟陣地内に火炎放射器を撃ち込んで日本兵を焼き殺し、あるいはガソリン

米軍兵士は日本軍の夜襲への恐怖のあまり、陸蟹(がに)のうごめく音にも発砲したという

を流し込んで火を点けるといった非人道的なやり方で日本兵を殺戮していったのである。また、その飛液を浴びると激しく燃えだす黄燐弾を壕内に撃ち込まれ、火だるまになって、もがき苦しんで死んでいった兵士も多かった。

洞窟内には、負傷兵らのうめき声や、「水、水、水をくれ!」といった声がこだましていたという。そして小動物や虫など、動くものは何でも口に放り込んで飢えをしのいだのだった。

アンガウル守備隊の兵士たちは、脱水症状と飢餓状態でふらふらになりながらも、それでも敵兵に照準を合わせて引き鉄《がね》を引き続けたのである。

それは私欲を満たすためではなかった。

未舗装の道の上を、緑のアーチのように熱帯植物が覆う。
兵士たちが見たものも、このような景色だろうか

「兵隊さん、どうかお願いします！」

手を合わせ、歓呼の声で送り出してくれた日本国民を守るためであり、祖国日本を護るためだった。

「負けるわけにはいかない！」

怨敵必滅の信念に燃えた若き兵士たちは、たとえ敵弾に手足を射抜かれようとも、それでも軍刀を振りかざして敵兵に立ち向かっていったのである。

そして迎えた十月十九日、アンガウル守備隊は、残存兵力をもって最後の斬り込みを敢行し、後藤丑雄少佐は大勢の部下と共に壮烈なる戦死を遂げたのだった。

後藤少佐はこう遺した。

「靖国神社で会おう！　長い間の勇戦ご苦労であった」

激闘、実に三十三日。絶望的な劣勢にありながら、第五九連隊第一大隊は矢弾尽き刀折れるまで戦い抜き、我に倍する敵を死傷せしめて玉砕したのである。

戦闘終了後、米軍は、後藤丑雄少佐の亡骸を確認すると、その武勇を讃えて丁重に埋葬したのだった。

十月二十八日、後藤大佐（戦死後二階級特進）以下アンガウル守備隊の勇戦が上聞に達し、天皇陛下の御嘉賞が送られたのである。

そしてこの戦闘では、日本軍と共に死ぬことを覚悟して集まった島民に対し、日本軍守備隊は米軍への投降を説得し、その結果一八〇名もの島民の命が救われたという。

かつての敵が建立した慰霊碑

ペリリュー島から南西約一〇キロに位置する、南北四キロ、東西三キロのアンガウル島は、面積にしてペリリュー島の半分（八平方キロ）ほどの外洋の孤島である。

アンガウル島へは、コロールから定期船で約三時間半、ペリリュー島からは小型ボートで約三〇分の船旅となる。ただしこの島は外洋に浮かんでいるため、海が荒れると船舶の航行が不可能となる。とにかく交通の便が悪い島なのだ。

アンガウル島は、遠く洋上から眺めていると、ときおり波の下に隠れて見えなくなるほど真っ平な島だが、驚くのは、海の表情が珊瑚礁に囲まれた他のパラオの島々とは違って荒々しいことだ。

それゆえに小さなアンガウル港の出入りは難しい。打ち寄せる波のリズムに合わせて船を操船しなければならず、したがってベテランの船長でなければ、入港することも出港することもできないのだ。実際に体験してみると、そのことがよくわかる。そんなアンガウル港の防波堤には、なんと米軍のM4シャーマン戦車が使われているから面白い。

このアンガウル港を中心に市街地が広がっており、小さな平屋の住宅が点在する。市街地には、かつての公学校跡にアンガウル小学校が建ち、西の外れにはアンガウル守備隊長が住んでいたとされる住宅跡や病院跡もある。

島民が集中する西部の市街地の道路は舗装されているのだが、日米の激戦が繰り広げられた北部地区に向かうには未舗装のガタガタ道を揺られて行かねばならない。とはいえ、アンガウル島には、観光バスやタクシーなるものが存在しない。そのためあらかじめチャーター車を手配しておく必要がある。

アンガウル港から北部地区へ通じる道の両側には、かつてのリン鉱石工場や積み出し施設の廃墟が遺されているため、なんともノスタルジックな気分になる。

〝緑のアーチ〟のように空を覆う熱帯植物に圧倒されながらしばらく行くと、大正六年に建立され、戦後再建されたアンガウル神社の鳥居が見えてくる。ここには天照大神とアンガウル島の戦いで亡くなった日本軍将兵・軍属に加え、アンガウル島の発展に寄与した人々が御祭神として祀られているのだ。

かつてこのアンガウル神社の前には、数多くの戦没者慰霊碑などが並んでいたのだが、いまはない。平成二十二年（二〇一〇）に島の北東部に移設され、その後、平成二十五年（二〇一三）の巨大台風でその多くが流されてしまったのだという。

かつてアンガウル神社の前に並んでいたのは、大きな観音像をはじめ、アンガウル戦の英雄・船坂弘氏建立による「慰霊碑」、そして「砲兵隊慰霊碑」、さらに個人のものなど多数の慰霊碑だった。船坂氏の「慰霊碑」には、「平和の礎のため勇敢に戦ったアンガウル島守備隊の冥福を祈り永久に其の功績を顕彰し感謝と敬仰の誠を此処に捧げます」と綴られていた。

そして「守備隊長の霊」と刻まれた慰霊碑は、後藤丑雄大佐のためのものだが、驚くべきことにこの慰霊碑には「終戦時米軍ここに建立」とあった。つまり、かつての敵であった米軍の手になる後藤大佐の慰霊碑だったのである。

このあたりの海岸には珊瑚礁はなく、ドドーッ、ドドーッと波が岩場にぶつかって砕ける地響《じだ》きのような音が耳朶《つ》を打つ。目を瞑むれば、それが遠くで炸裂する艦砲弾の音に聞こえてくるのだった。

大東亜戦争がつい昨日のように思える光景

アンガウル神社をさらに北に行くと、そこには“LIBERATION OF THE PEOPLE OF ANGAUR”なる記念碑がある。直訳するとつまり「アンガウル島民解放」だ。

写真中央部に空けられている四角い穴が、珊瑚の岩をくりぬいてつくられた日本軍のトーチカである

そこで英語の碑文を読んでみると、第二次世界大戦時に米陸軍によってアンガウル島民が解放されたとある。

ちょっと待っていただきたい。米軍がこの島に上陸してくる前に、日本軍は島民を疎開させようとしたが、約二〇〇人の島民が米軍の妨害等の事由によって島を離れることができなかったのだ。そこで日本軍守備隊が、彼らを安全な洞窟に避難させて命を救ったのである。しかも日本軍将兵は、島民の避難壕が攻撃を受けないように、敢えて別の壕で戦闘を続行したのである。にもかかわらず「米軍による島民の解放」などというのはあらぬ誤解を招くではないか。

実は、ペリリュー戦六十周年記念式典でも、〝60th Anniversary-Battle of Peleliu and the Liberation of Palau〟(ペリリュー戦とパラオ解放六十周年記念)という標語が掲げられていた。これでは、まるで日本の圧政に苦しんでいたパラオの人々をアメリカが解放したかの如くである。もしその意味で〝Liberation〟が使われていたとするならば、とんでもない歴史の捏造だ。パラオは第一次世界大戦後に国連から日本に託された委任統治領であり、アメリカに〝解放〟される対象ではないし、いったい何から解放したというのだろうか。こうした傲慢で身勝手なアメリカの歴史観に強烈な不快感を覚えるのは、決して私だけではないだろう。

こうしたことについては日本大使館も見て見ぬふりをするのではなく、アメリカの身勝手な歴史認識や、あるいは誤解を招きかねない表現についてはきちんと抗議して訂正を申し入れるべきである。

さらに島の周回道路を行くと、海岸からそう遠くない密林の中に砲塔がないＭ４シャーマン戦車がある。恐らくこの戦車は九月十七日からの攻防戦で日本軍守備隊によって撃破されたものであろう。

また、近くの海岸には、剃刀《かみそり》のようにとがった珊瑚の岩をくりぬいてつくった日本軍守備隊のトーチカがある。真正面からは単なる隆起珊瑚の岩場にしか見えないが、銃眼は横向きに設けられており、上陸してきた米軍を側面から狙えるようにできている。見事な偽装トーチカである。

米軍が上陸してきた東北港のレッド・ビーチには、米陸軍第八一歩兵師団の上陸記念碑が建立されており、その風光明媚な海岸には米軍のＬＶＴが積み重なって遺棄されている。そして波打ち際にはＬＶＴのものと思われる部品が波に洗われていた。

大東亜戦争がつい昨日のことのようにすら思える光景だ。

この上陸海岸から少し行ったところには通称〝飛行機墓場〟なる場所がある。

ここは、かつて米軍機の残骸が集積された場所で、米軍占領後に造成された飛行場に展開したＢ24爆撃機のプロペラなどの残骸がいまも散乱しており、私は目にすることができなかったが、ジャングルを切り開くとほぼ完全な姿の米海軍艦載機Ｆ４Ｕコルセア戦闘機もあるという。

そして平坦な島東部には、戦後米軍が整備した二〇〇〇メートル級の長大な滑走路があり、どうやら、いまでも使われているらしい。

そんなアンガウル飛行場にもっとも近いブルー・ビーチがもう一つの米軍上陸地点だった。

アンガウル島民〝解放〟の記念碑

平成二十五年の台風ですっかり海岸の様子が変わってしまい、米軍上陸時の面影はなくなっているが、私は、海風を受けながら静かに目を閉じて黙禱を捧げた。

ここは、島武中尉率いる第三中隊が米軍に壮絶な斬り込みをかけて玉砕した海岸な

アメリカのＢ２４爆撃機のプロペラ

のだ。

照りつける太陽が肌を焼き、島中隊の勝鬨《かちどき》にも似た怒濤《どとう》が私の耳朶を打ち続けた。

敵弾を全身に浴びながらもアンガウル島から奇跡の生還を果たした舩坂弘氏はこう訴える。

《戦後、過去の戦争を批難し、軍部の横暴を痛憤し、軍隊生活の非人道性を暴き、戦死した者は犬死にであるかのようにいう論や物語がしきりにだされた。私はこの風潮をみながら、心中こみあげてくる怒りをじっと堪えてきた。

やっといま、この記録をだすことができるにあたって、私は心の底から訴えたい。戦死した英霊は決して犬死にをしたのではない。純情一途な農村出身者の多いわがアンガウル守備隊のごときは、真に故国に殉ずるその気持に嘘はなかった。彼らは、青春の花を開かせることもなく穢れのない心と身体を祖国に捧げ、

「われわれのこの死を平和の礎《いしずえ》として、日本よ家族よ、幸せであってくれ」

と願いながら逝ったのである。いたずらに軍隊を批判し、戦争を批難する者は、「平和の価値」を知らない人である》（『英霊の絶叫』）

第❺章　パラオにはためく日の丸の波――両国の未来のために

完全な形で遺された日本軍の砲陣地

二〇〇六年十月、首都がコロール島から同国最大のバベルダオブ島のマルキョク州に遷された。

パラオ共和国の国旗は日の丸をモチーフにした月章旗だが、面白いことに首都マルキョク州の州旗は、旭日旗をモチーフにしたもので、これまたこの国の親日度をよく表していよう。

バベルダオブ島の総面積は約三三〇平方キロでパラオ共和国の面積の約七割を占めており、周辺地域でもグアム島（約五五〇平方キロ）に次ぐ大きさの島である。だが、その大部分が未開発の状態にあるのだ。

そんなことも手伝ってペリリュー島と同じく戦跡や遺棄された兵器が数多く遺されている。

なかでも日本軍の水陸両用戦車の「特二式内火艇」や無傷の日本軍海岸砲陣地、高射機関砲陣地など、極めて珍しい兵器や日本軍の陣地がほぼ完全な形で保存されており、バベルダオブ島は、軍事史研究者にとっては涎《よだれ》が出るような場所なのだ。

かつての日本海軍通信所も米軍の爆撃で破壊されたままだが、この通信所前には海軍の二五ミリ連装高射機銃が四基と、特二式内火艇が並んでいる。この車両も、コロール島に遺されたものと同じく、海軍の第四五警備隊の九両のうちの一両である。

またこの島には、日本軍の砲陣地が完全な形で遺っているから驚きだ。

バベルダオブ島の西海岸に位置するアルモノグイ州の高台にその砲台はある。

南方の島々に設置された日本軍の砲台は、米軍の猛烈な艦砲射撃と空爆によってほとんど破壊されているので、このようにほぼ無傷のまま遺っているのはたいへん珍しく、極めて貴重な戦跡といえよう。

いまでも使えそうな三門の大砲がずらりと並び、その奥には分厚いコンクリートで覆われたトーチカ式の大砲もある。砲身には「呉海軍造兵廠」「拾五サンチ速射砲」

「明治参拾六年」の刻印がはっきりと見える。

この巨砲は、海軍の一五センチ砲（一五〇ミリ砲）だった。これらの砲は、環礁に開けた水道から進入してくる敵艦を狙い撃つために据え付けられたが、幸い米軍はバベルダオブ島には上陸してくることはなかった。そのためにこうして砲台が無傷のまま遺されることになったのだ。

このトーチカは、内部にも立ち入ることができる。内部は現在でも使えるほど良好な状態で、大砲の保存状態もよい。また、錆びてはいるものの「伝声管」も原形をとどめており、日本軍の砲台の仕組みがよくわかる。

そしてこの同じアルモノグイ州の旧朝日村には、日本統治時代のパイン缶工場の廃墟がある。ここには赤錆びた機械や缶が遺っており、日本人の足跡を知る貴重な遺跡といえるだろう。

ちょうど、このパイン工場のすぐ近くの広場には、日本海軍の艦上爆撃機「彗星」の残骸が散らばっている。プロペラのついた水冷式エンジンと水平尾翼だけだが、たいへん貴重な機体である。

また、バベルダオブ島の周回道路の道路脇にも〝大東亜戦争〟が手つかずの状態で保存されているのには驚かされる。

右上：まるで旭日旗のようなパラオ・マルキョク州の州旗
下：環礁の水道を睨むバベルダオブ島の大砲

コンクリートで覆われたトーチカ式砲台。いまなお、まるで「生きている」ようだ

日本海軍の高射砲陣地が当時のまま、まるで対空戦闘をピタリと止めたかのような状態で遺っているのだ。

掩体壕には海軍の二五ミリ連装高射機銃が空を睨み、傍には機銃弾の弾倉が転がっている。この場所に立つとなんだかタイムスリップしたような錯覚に陥ってしまう。

こうした戦跡の中に、ポツリと建っているのが、日本人とパラオ人の戦没者慰霊塔だ。この慰霊塔は、この地で収集された戦没者の遺骨が納骨されている場所で、いわば合同墓地である。

いまは訪れる人もめっきり減ってしまった戦没者慰霊塔だが、まだ戦争経験者が社会の第一線で頑張っていたころは、多くの人々が慰霊にやってきたことだろう。なるほどこの慰霊塔は、昭和六十一年（一九八六）九月に、日本を代表する一流企業群の寄付によって建立されたものだった。

日本とパラオの友好を謳いあげる橋

その昔、幅約二五〇メートルの海峡で隔てられているバベルダオブ島とコロール島間には橋がなく、船で渡らねばならなかった。

そんな不便を解消すべく、昭和五十二年（一九七七）に両島を結ぶ「ＫＢブリッジ」（Koror-Babeldaob Bridge）が韓国のＳＯＣＩＯ社によって建設された。むろんパラオ共和国が好んで韓国の建設会社を選んだわけではなく、国際競争入札時に韓国ＳＯＣＩＯ社が日本を代表する大手建設会社・鹿島建設の半額で落札したのだった。

後でパラオは〝安かろう悪かろう〟を身をもって知ることになる。

橋の完成時は国を挙げてのお祭り騒ぎだったが、次第に橋の中央部が沈み始め、二十年後には一メートル以上も沈んだため、地元パラオの人々は橋の走行を危険視するようになった。

二十年以上パラオに在住する日本人によれば、この韓国製ＫＢブリッジを渡らねばならなかった地元の人々は、常に車の窓を全開にして、海に落ちてもすぐに脱出できるよう橋の崩落に備えて運転していたという。

そんな地元民の不安は的中した。

平成八年（一九九六）九月二十九日、韓国製ＫＢブリッジは、轟音と共に橋中央部が折れて海峡に崩落したのである。そして、この崩落事故で橋を通過中の地元民二人が死亡し、多数が負傷したのだった。

被害はそれだけではなかった。

バベルダオブ島から供給される電気や水道などのライフラインがＫＢブリッジに通

日本が建設した日本パラオ友好橋(コロール島とバベルダオブ島を結ぶ橋)。島民たちにとって、なくてはならない橋である

されていたため、当時の首都コロールの首都機能は麻痺し、国民生活に深刻な被害が出たのである。当時のクニオ・ナカムラ大統領が国家非常事態宣言を出すほどの大惨事となったのだ。

そこでパラオ政府は韓国の建設会社SOCIO社に損害賠償を請求したが、先のパラオ在住の日本人によれば、韓国側は「こんなことは韓国では、よくあることだ」と一蹴して雲隠れしてしまったというのだ。まったく呆れてモノが言えない。

その翌年、日本政府の援助で新たな橋を架けることが決定、鹿島建設がこの事業を担って平成十四年（二〇〇二）に新KBブリッジを完成させたのである。この日本製KBブリッジは、韓国製とは比べものにならないほど立派な橋で、パラオ政府はもとより地元民は「やっぱり日本が一番！」と絶賛したという。

この新KBブリッジの正式名称は「Japan-Palau Friendship Bridge」（日本パラオ友好橋）であり、橋の上にも橋脚にも日本とパラオの国旗がまるで〝兄弟〟のように並んで両国の友好を謳いあげている。

韓国による屈辱的な反日記念碑

そんな様子を横目で見ていた韓国人は地団太《じだんだ》踏んで悔しがったであろう。だが韓国は、日本の評判を落とすためなら執念を燃やす。

なんと呆れたことに韓国は、日本政府による新KBブリッジ「日本パラオ友好橋」を完成させた翌々年の平成十六年（二〇〇四）に、「韓國人犠牲者追念平和祈願塔」なる〝反日記念碑〟を、あろうことかパラオ共和国の首都マルキョク州の国会議事堂から一五〇メートルほどの距離に建立したのである。

そこには英語とハングル文字で、とんでもない歴史の捏造碑文が刻まれている。

碑文にはこう綴られている（仮訳）。

《韓国人犠牲者の苦難
相当数の韓国人が、大日本帝国に主権を奪われ、第二次世界大戦前に祖国、両親、兄弟、姉妹、妻、子供から遠く離れたパラオに連行され、移住者という口実の下、日本軍のために農業、鉱業、漁業、要塞構築といった重労働に従事した。しかし、第二次世界大戦勃発後、当地におけるすべての韓国人労働者は日本軍に徴発された。韓国人女性は、エンターテイナーとして日本兵のために働くことを強いられた。太平洋戦争末期、パラオ地域における韓国人は五〇〇〇～六〇〇〇人にまで増加し、そのなかにはエンターテイナーとされていた韓国人女性約五〇〇人や、満洲のいわゆる関東軍とともにパラオに来た相当数の韓国人兵士が含まれていた。そして、当地における韓国人は隔離され、文字通り奴隷とされた二〇〇〇人にものぼる韓国人が、飢餓、病気、日本人による虐待・暴行、事故、米国機による空襲のため悲痛な死を遂げたとされる。戦時中に建設された橋の一つに、通称アイゴー橋と呼ばれていたものがあり、地元の人々に広く知られていた。アイゴーというのは、韓国人が非常に極限の困難な状況において発する韓国語の感嘆詞である。このような通称は、当時の韓国人がどれだけの困難や苦痛を味わわなければならなかったかをよく表している。いまの世代の韓国人による次の祈りでさえ、私たちの同胞の深い悲しみを癒やすには不十分であろう。なんじの魂が、極楽浄土にゆかれ、涅槃を享受し、永遠の平和の中安らかに眠られますように。祖国の地は決してなんじを忘れません。

二〇〇四年十二月

海外犠牲同胞追念事業会

会長　李龍澤》

ここにも、またもや韓国お得意の慰安婦が〝エンターテイナー〟として登場し、これでもかと日本を攻め立てているのだ。

かつて栄えたコロール島の花街があった附近を歩いた人がいたなら、おわかりいただけるだろうが、あんなちっぽけな花街にどうやったら五〇〇〇人もの朝鮮人慰安婦が居住できるのだろうか。どう考えてもあり得ない。このバカバカしい碑文に呆れてモノが言えなくなったのは決して私だけではないだろう。

だがこの建立の年に注目していただきたい。

平成十六年（二〇〇四）――十年前である。ということは、米カリフォルニア州グレンデール市の慰安婦像が二〇一三年（平成二十五）に設置されたのだから、それより九年も前に、〝韓国の反日記念碑〟が親日国家パラオに建立されていたというわけだ。

この事態を問題視している元防衛大臣政務官の自民党参議院議員・佐藤正久氏は、平成二十六年夏に現地視察を終えてこう語る。

「たしかに日本統治時代のパラオには朝鮮半島出身者もいたでしょうが、碑文にある数字はずいぶんと誇張されたものでしょう。もとより韓國人犠牲者追念平和祈願塔なるものは、その建てられた場所、碑文の内容のどれをとっても日本を貶めようという意図が明らかです。さらに建立主が海外犠牲同胞追念事業会なる民間組織を名乗っていますが、問違えれば大きな外交問題に発展しかねない場所に、この極めて政治的な記念碑を建てたわけですから、その背後に韓国政府が直接間接的に関与していることは疑う余地がありません。つまり韓国の対日情報戦と見るべきでしょう。日本はもっと〝情報戦〟について真剣に取り組まなければなりません」

そして佐藤議員は、パラオが中国の戦略目標である第二列島線の南端に位置し日本の安全保障にとっても重要な国であると力説した上で、日本人の危機感の欠如を訴える。

「日本を非難することを目的としたこうした韓国の記念碑がパラオの国会議事堂の近くに建てられたということは、つまり日本とパラオの関係が希薄になっている証左です。こうしたことを防ぐにはパラオとの関係を強化する必要があると思います。韓国のこの記念碑も大きな問題ですが、一方で、パラオ各地に建てられた日本の戦没者慰霊碑などが高齢化に伴う参拝者の減少で、年々朽ち果ててゆく様を放置しておくわけにはまいりません。日本政府が責任をもってこうした慰霊碑も整備してゆくべきでしょう。いずれにせよ、韓國人犠牲者追念平和祈願塔建立問題は、日本政府とりわけ外務省の情報戦に対する認識不足と、安全保障感覚および先人に対する感謝の気持ちの希薄化の結果であり、これらを根本的に改善してゆかねば、親日国家として知られたパラオが、いつしか韓国や中国に取り込まれて反日国家の仲間入りする恐れがあります。日本政府も外務省もこうした危機感をしっかりともってもらわねば困るのです」

このような屈辱的な先の韓国反日記念碑が建立されたというのに、なぜ在パラオ日本大使館は黙って見ているのだろうか。このことは日本の外務省にしっかりと報告されているのだろうか。日本の外務省の怠慢な仕事ぶりと危機意識の希薄さに、改めて苛立ちと怒りを覚える。

親日国家の代表格たるパラオに土足で乗り込んで反日をまき散らす韓国につける薬はないものかと思う一方で、日本の外務省の再教育が急務ではないだろうか。

「戦いましたね、我々は！　会えて嬉しい！」

平成十一年（一九九九）九月十五日、ペリリュー戦五十五周年の慰霊祭が旧ペリリュー神社で執り行なわれた際、元米海兵隊員らは恭しく神社に玉串を捧げ、勇敢に戦った日本軍将兵に敬意を込めて神殿に敬礼を投げたことは前に紹介した。その光景は実に感動的だった。

このとき、元米海兵隊員らは異口同音に日本軍兵士の敢闘精神と武勇を讃え、そのうちの一人はこう言った。

「私は、白兵戦で一一カ所に切り傷があるが、日本兵は本当によく戦ったと思う。勇敢だった。劣勢のなかで、あれほどの戦いを見せた日本軍将兵こそ英雄だよ」

そして平成十六年（二〇〇四年）九月十五日、ペリリュー戦六十周年の記念式典でも土田喜代一氏が参加し、かつての敵兵・米海兵隊員のエドワード・スミス氏とビル・カンバ氏と固い握手を交わして〝再会〟を祝った。そして土田氏は、元海兵隊員らと対面したとき、眦《まなじり》あげて唇を真一文字にしてかつての敵兵と大きな握手をするや、まるで旧友と再会を果たしたように抱きあい、そして目に涙をためて互いの肩を叩きあった。この式典の後、土田氏は、E・スミス氏とB・カンバ氏らとかつての戦闘現場を巡りながら、互いの武勇を讃えあったのだった。

そして土田氏は再び彼らの手をとった。

「戦いましたね、我々は！　会えて嬉しい！」

この年は、コロール島でもペリリュー戦六十周年の記念式典が開かれた。国立競技場に設けられた式典会場に、日本・アメリカ・パラオの三カ国の国旗が入場し、続けて米海軍兵士ら勇壮なマーチと共に隊列を組んでやってきた。この式典では、パラオ大統領やアメリカ大使らと並んで日本大使の姿がひな壇にあった。

そして、この式典でもっとも感動的だったのは、地元パラオの学生諸君による行進だった。

学生らはパラオ、アメリカ、そして日の丸の小旗を振りながら式典会場を行進したのである。私は感極まって胸が張り裂けそうだった。日の丸の旗の波をここパラオで目にするとは考えてもいなかったからである。パラオにはためく日の丸の波は、なによりも美しい、本当に日の丸は美しい。

私は天を見上げた。この地で亡くなった英霊はこの光景をご覧になっているだろうか。

日の丸の小旗を振って行進する地元女学生の笑顔がひときわ輝いて見えたのだった。

「君が代」が最初に演奏された

そして平成二十六年（二〇一四）九月十五日、ペリリュー戦終結七十周年記念式典が開かれた。

この式典はこうした過去の記念式典に倣ったものであったが、違いは、今次の記念式典は米海兵隊の主導であったことだ。

聞くところによると、どうやら米海兵隊が式典会場となるペリリュー小学校と独自に話を進めていたが、当初ペリリュー州知事やパラオ共和国政府は承知していなかったため、へそを曲げたようだ。そこでペリリュー出身のクニオ・ナカムラ元大統領が仲裁に入って一件落着したという。

上：２００４年のペリリュー戦６０周年記念式典で、万感の思いを込めて肩を叩きあう土田氏と元海兵
下：同式典で日本とパラオ両国の国旗を振りながら行進するパラオの学生たち。笑顔が印象的だ

そんな経緯もあって、式典の司会は米海軍士官が務め、音楽も米海兵隊の音楽隊が担当したが、公式なペリリュー戦七十周年記念式典であったことからパラオ共和国のトミー・レメンゲサウ大統領のほか、在パラオ米大使館のトーマス・E・ダレイ代理大使、クニオ・ナカムラ元パラオ共和国大統領らも参加した。

式典が始まると、日本・アメリカ・パラオの各国旗と米海兵隊旗が会場に入場し、なんと日本国国歌「君が代」が最初に演奏され、これに続いてアメリカ合衆国国歌、パラオ共和国国歌が演奏されたのである。これは米海兵隊の高配に違いない。

参集した人々は来賓の素晴らしいスピーチに聞き入った。とりわけ私は、尊い命を捧げた両国の戦士を讃える米海兵隊ハドソン少将のスピーチに胸を打たれたのだった。米海兵隊太平洋基地司令官のチャールズ・L・ハドソン少将はスピーチで、熾烈なペリリュー戦での日米両軍の尊い犠牲を讃え、参列した歴戦の勇士・土田喜代一氏とウィリアム・ダーリング氏に最大の敬意を表したのだった。

ハドソン少将は沖縄の在日米軍基地から参加したとのことだった。

恩讐を超えた友情は、心に響く。

ペリリュー島での日米合同式典は、これまでもお互いの武勇を讃えあい、まさに〝昨日の敵は、今日の友〟というスタンスで執り行なわれてきた。

この式典では、米海兵隊員が弔銃発射を行なって日米両軍の戦没者に弔意を示し、そしてその武勇を讃えたのである。きっとこの銃声は、司令部壕で眠る中川連隊長をはじめ、いまもペリリューに眠る幾千の日本軍将兵の耳に届いたことだろう。

ところが誠に残念なことに、これほどの式典でありながら、肝心の駐パラオ日本大使の姿がなかったのだ。本来ならば日本大使が参列し、日本を代表して記念スピーチを行なうべきである。もしやそれが不可能ならば、少なくとも日本大使館から代理人を派遣して代理スピーチぐらいはさせてもらうべきであろう。そもそも九月十五日は重要な記念日であり、ペリリュー戦記念式典が開催されることは、あらかじめわかっているのだから、予定しておくべきではないのだろうか。

もっとも、パラオの日本大使館にとって、この記念式典よりも優先されるべき他用などあるはずがなかろう。

しかも入場してきた日本国旗「日の丸」の旗竿の竿頭《やじり》が、日本の神話に基いた金の玉ではなく、米国国旗や海兵隊旗のそれと同じ鏃型のものとなっていたので、あちこちに事情を聞いてみると、どうやらこの日本国旗は日本大使館から借りてきたものだというではないか。旗手も日本人ではなく明らかにパラオ人であった。他国の人に国旗を預けて自らは参加しないとはどういうことなのか。

こんなことでは親日国家パラオの人々はもとより、同盟国日本への配慮をしたアメリカ合衆国および軍関係者の参列者を失望させはしまいか。

今後は、日本大使は必ずペリリュー戦記念式典には参列し、戦没者への感謝と哀悼の意を述べると共に、日本国のプレゼンスを示していただきたい。また外務省もこのあたりをしっかりと指導していただきたいものである。

「第二列島線」の南端に位置する要衝

さらに言えば、今後は自衛隊の高官が参列すべきと考える。

というのも、先のガダルカナルからの遺骨帰還輸送を海上自衛隊が行なったように、戦没者への慰霊を日本軍人の継承者たる自衛官が行なうことの意義は極めて大きいからだ。そしてもう一つ、この式典には在日米海兵隊の高官のほか、オーストラリア軍も参加しており、将来のアジア太平洋地域の安全保障を睨んだ会合となるからである。

実はオーストラリアは、南太平洋諸国がそれぞれの国の排他的経済水域の哨戒監視ができるように「パシフィック級哨戒艇」を提供するパシフィック・パトロールボート・プログラムを実施しており、パラオもその提供を受けた国の一つなのだ。

パシフィック級哨戒艇は、乗員一七名、排水量一六二トン、全長三一・五メートルの小さな船艇で、速力は二〇ノット、武装については二〇ミリ機関砲や一二・七ミリ機銃など各国のオプションで搭載が可能な警備艇である。

パラオが保有するのは一九九六年五月に引き渡された艇で、初代大統領ハルオ・レメリックの名をとって「President H.I.Remeliik」と命名され、目下周辺海域のパトロールの任務に就いている。

実はこの艇は、平成二十四年（二〇一二）三月三十一日にパラオ海域内で違法操業していた中国漁船を取り締まろうとした際、例の如く中国船が激しく抵抗したためやむを得ず発砲、その結果、中国人船員一人が死亡した。だが、こうしたパラオの毅然とした対応姿勢は、日本も見習うべきであろう。

いずれせよ、こうして南太平洋の安全保障に積極的にかかわるオーストラリアまでもが式典に参加しているのであるから、いまや〝特別な関係〟と呼ばれるほど緊密になった日豪両国にとってこの式典は、太平洋地域の安全保障について話しあう絶好の機会となろう。

哨戒艇「President H.I.Remeliik」の艦番号は001、要するにパラオ共和国初の海上警察艦艇となる。これまでパラオ

ペリリュー戦終結70周年記念式典にて。残念ながら日本大使の姿はなかった

共和国は、海軍はもとより沿岸警備隊のような海上警察力も保有していなかったのだから、パシフィック級哨戒艇の保有は画期的なことだった。

パラオ共和国は、一九九四年にアメリカ合衆国による国連信託統治領を終えて独立し、内政・外交はパラオ共和国政府が行なうが、独自の軍隊は保有せず、アメリカ軍がパラオの安全保障を担うことになって、いまに至っている。これまで私は何度もパラオを訪れているが、若い米軍兵士がレストランで屯《たむろ》っている姿を見かけたり、あるときは米海軍のイージス駆逐艦に出くわしたこともあった。

なによりアメリカがパラオを重要視するのは、この国が中国の太平洋進出目標とする「第二列島線」の南端に位置し、日本列島とオーストラリアを結ぶ線上にある戦略の要衝だからである。加えてパラオは、台湾と外交関係を樹立しており中国とは国交を結んでいない。

そのため中国はパラオへの進出を虎視眈々と狙っているのだ。水面下で中国のパラオ侵攻はすでに始まっており、コロールには中国資本のホテルが建設中であるほか、多くの中国人観光客もやって来ているという。それだけではなく、〝実業家〟を名乗る中国人がパラオ諸島南端のアンガウル島の観光開発をエサに島の買収を目論んでいるという情報もあり、穏やかではない。

上：新首都マルキョクの新しい国会議事堂。台湾からの援助によって建てられた
下：オーストラリアから提供された「パシフィック級哨戒艇」

このように中国にとっても、パラオは自らの戦略目標たる第二列島線の南端に位置する戦略要衝であると同時に、台湾を追い込むためにもどうしても籠絡したい国なのだ。

だからこそ、この戦略の要衝パラオに日米豪の安全保障関係者が参集して今後の太平洋地域の安全保障を協議することに意義があり、またそのことが地域の安全保障にとっての大きな抑止力となるのである。

もう一度、パラオに参ります!

ペリリュー島内の戦跡を散策していたとき、私はある落書きに胸を打たれた。水際で米軍を迎え撃った高崎歩兵第一五連隊の千明大隊トーチカの中にその落書きがあった。

"GOD BLESS ALL THE BRAVE SOLDIERS"(すべての勇敢な兵士たちに神のご加護あらんことを)

私はいたく感動した。

圧倒的物量を誇る米軍の前に敢然と立ちはだかり、最後まで勇敢に戦った日本軍将兵は実に立派であった。

ペリリュー神社には日本人を驚かせる石碑がある。

それは、敵将・アメリカ太平洋艦隊司令長官Ｃ・Ｗ・ニミッツ提督から贈られた賛辞がそのまま石碑となっているのだ。

“TOURIST FROM EVERY COUNTRY WHO VISIT THIS ISLAND SHOULD BE TOLD HOW COURAGEOUS AND PATRIOTIC WERE THE JAPANESE SOLDIERS WHO ALL DIED DEFENDING THS ISLAND”

日本語では次のように表記されている。

〝諸国から訪れる旅人たちよ、この島を守るために日本軍人がいかに勇敢な愛国心をもって戦い、そして玉砕したかを伝えられよ〟


国を守るためにその尊い生命を捧げた軍人に感謝することは世界の常識なのだ。にもかかわらず日本人はそんな当たり前のことすら忘れてしまっている。ひたすら祖国の平和と弥栄を願い、北の荒野にそして絶海の孤島に散華された先人たちのことを。

パラオでは、現在も日本軍将兵の武勇は地元の人々に語り継がれており、この国を訪れる日本人は、きっとパラオの人々の親日感情や、いまも残る日本語に驚き、そして感動することだろう。

そして平成二十七年（二〇一五）四月、天皇皇后両陛下がパラオに御行幸啓される。

ペリリュー神社と、その境内に建立されたニミッツ提督の賛辞を刻んだ石碑

「すべての勇敢な兵士たちに神のご加護あらんことを」――千明大隊トーチカに書かれた落書きから将兵への敬仰と感謝が溢れ出す

このニュースが発表された直後、再びペリリューの英雄・土田喜代一氏の声が電話越しに私の耳朶を打った。

「井上さん、陛下がおいでになるなら、たとえ車椅子になっても、這ってでも、もう一度パラオに参ります!」

背筋の伸びた感極まった声であった。

産経NF文庫

「美しい日本」パラオ

二〇二一年六月二十二日　第一刷発行

著　者　井上和彦

発行者　皆川豪志

発行・発売　株式会社　潮書房光人新社

〒100-8077　東京都千代田区大手町一-七-二

電話／〇三-六二八一-九八九一(代)

印刷・製本　凸版印刷株式会社

定価はカバーに表示してあります

乱丁・落丁のものはお取りかえ致します。本文は中性紙を使用

ISBN978-4-7698-7036-4　C0195

http://www.kojinsha.co.jp

産経NF文庫の既刊本

孤高の国母 貞明皇后　川瀬弘至

知られざる「昭和天皇の母」

病に陥った大正天皇を支え、宮中の伝統を守ることに心を砕いた貞明皇后の数奇な運命を描く。宮内庁が所蔵していた多くの未公刊資料の開示を得て、明治、大正、昭和の三代にわたる激動の時代を生きた「孤高の国母」に新たな光を当てる大河ノンフィクション。

定価1089円(税込)　ISBN978-4-7698-7029-6

立憲君主 昭和天皇 上・下　川瀬弘至

昭和天皇でなければ日本は救えなかった――あの戦争で、終戦の「聖断」はどのように下されたのか。青年期の欧州歴訪を経て、国民とともに歩む立憲君主たらんと志し、現実政治の前で悩み、君主のあるべき姿を体現した87年の生涯を描く。

上・定価1023円(税込)　ISBN978-4-7698-7024-1
下・定価1012円(税込)　ISBN978-4-7698-7025-8

産経NF文庫の既刊本

「令和」を生きる人に知ってほしい　日本の「戦後」
皿木喜久

なぜ平成の子供たちに知らせなかったのか……GHQの占領政策、東京裁判、「米国製」憲法、日米安保——これまで戦勝国による歴史観の押しつけから目をそむけてこなかったか。「敗戦国」のくびきから真に解き放たれるために「戦後」を清算、歴史的事実に真正面から向き合う。

定価869円（税込）　ISBN978-4-7698-7012-8

子供たちに伝えたい　日本の戦争　1894〜1945年
あのとき　なぜ戦ったのか
皿木喜久

あなたは知っていますか？子や孫に教えられますか？日本が戦った本当の理由を。日清、日露、米英との戦い…日本は自国を守るために必死に戦った。自国を貶める史観を離れ、「日本の戦争」を真摯に、公平に見ることが大切です。本書はその一助になる〝教科書〟です。

定価891円（税込）　ISBN978-4-7698-7011-1

産経NF文庫の既刊本

総括せよ！ さらば革命的世代
50年前、キャンパスで何があったか

産経新聞取材班

半世紀前、わが国に「革命」を訴える世代がいた。当時それは特別な人間でも特別な考え方でもなかった。にもかかわらず、彼らは、あの時代を積極的に語ろうとはしない。彼らの存在はわが国にどのような功罪を与えたのか。そもそも、「全共闘世代」とは何者か？

定価880円(税込)　ISBN978-4-7698-7005-0

国会議員に読ませたい 敗戦秘話
政治家よ！ もっと勉強してほしい

産経新聞取材班

敗戦という国家存亡の危機からの復興、そして国際社会で名誉ある地位を築くまでになったわが国——なぜ、日本は今、繁栄しているのか。国会議員が戦後の真の歴史を知らずして、この国を動かしているとしたら、日本国民としてこれほど不幸なことはない。

定価902円(税込)　ISBN978-4-7698-7003-6